Christsein im Alltag

Veröffentlichungen des
Bundes für Freies Christentum

Band 6

Raphael Zager | Werner Zager (Hrsg.)

Christsein im Alltag

Impulse des liberalen Christentums

Bibliographische Information der Deutschen Nationalbibliothek
Die Deutsche Nationalbibliothek verzeichnet diese Publikation in der Deutschen Nationalbibliographie; detaillierte bibliographische Daten sind im Internet über http://dnb.dnb.de abrufbar.

Printed in Germany

Das Buch wurde auf alterungsbeständigem Papier gedruckt.

Cover: Kai-Michael Gustmann, Leipzig
Satz: Raphael Zager, Wiesbaden
Druck und Binden: Hubert & Co., Göttingen

ISBN Print 978-3-374-07352-8 // ISBN E-Book (PDF) 978-3-374-07353-5
www.eva-leipzig.de

Vorwort

In einem Land, in dem immer mehr die Verbundenheit mit christlichen Traditionen schwindet und die Gleichgültigkeit gegenüber dem christlichen Glauben zunimmt, sind wir als Christinnen und Christen gefragt, in verständlicher und elementarer Weise Auskunft zu geben, was christliches Leben, Glauben und Denken ausmacht.

Im Einzelnen stellen sich hier folgende grundlegende Fragen: Wie kann in einer von Krisen geschüttelten Welt ein verlässliches menschliches Miteinander gelingen? Welcher Voraussetzungen bedarf es, um Christsein in einer glaubwürdigen und überzeugenden Weise zu leben? Wie ist es möglich, religiöse Erfahrungen authentisch zur Sprache zu bringen? Welche Argumente erweisen sich als tragfähig, um damit in den in unserer Zeit zu führenden Diskussionen bestehen zu können? Auf diese Fragen möchten die folgenden Beiträge im Geist eines liberalen, d.h. eines weltoffenen und reflektierten Christentums Antworten geben.

Dem Buch liegen die Vorträge zugrunde, die auf der Jahrestagung des Bundes für Freies Christentum vom 30. September bis 2. Oktober 2022 im Klosterhof St. Afra in Meißen gehalten wurden. Die Tagung fand in Kooperation mit der Evangelischen Akademie Sachsen, der Evangelischen Akademie Frankfurt, dem Deutschen Hilfsverein für das Albert-Schweitzer-Spital in Lambarene e.V. / der Stiftung Deutsches Albert-Schweitzer-Zentrum in Frankfurt am Main und der Evangelischen Erwachsenenbildung Worms-Wonnegau statt.

Der Bund für Freies Christentum versteht sich als ein Forum für offenen religiösen Dialog und ist ein Zusammenschluss überwiegend protestantischer Christen, die sich für eine persönlich verantwortete undogmatische, weltoffene Form des christlichen Glaubens einsetzen und dabei ein breites Spektrum von Auffassungen zu integrieren suchen (Geschäftsstelle des Bundes: Felix-Dahn-Straße 39, 70597 Stuttgart; Homepage: www.bund-freies-christentum.de).

Die auf der Tagung gehaltenen Vorträge werden thematisch ergänzt durch einen Beitrag von Dr. habil. Wolfgang Pfüller.

Unser Dank für die Aufnahme des Buches in das Programm der Evangelischen Verlagsanstalt und die gute Zusammenarbeit bei der Veröffentlichung gilt Frau Dr. Annette Weidhas.

Raphael Zager und Werner Zager
Wiesbaden / Frankfurt am Main, im März 2023

Inhalt

Werner Zager

Glaubwürdig Christ sein

Wer kann uns zum »Vorbild« werden?

Dass Menschen zum christlichen Glauben finden, dürfte nicht zuletzt damit in Verbindung stehen, dass ihnen Christen begegnen, die als glaubwürdig erfahren werden – Menschen, die mit Herz und Verstand das leben und bezeugen, was sie vom Evangelium her im Innersten bestimmt und umtreibt. Das müssen nicht unbedingt Personen der eigenen Gegenwart sein. Es können auch solche sein, die bereits verstorben sind, deren Gedanken, Einsichten und Lebenszeugnis aber noch heute uns berühren und ansprechen können. In diesem Sinne möchte ich darüber nachdenken, wer uns zum »Vorbild« werden kann.

Wenn ich den Begriff »Vorbild« in Anführungszeichen setze, soll dies zum Ausdruck bringen, dass für evangelische Christen die Rede von Vorbildern nicht unproblematisch ist. Das zeigt sich zum Beispiel daran, dass das weithin anerkannte protestantische Lexikon »(Die) Religion in Geschichte und Gegenwart« erst in der vierten, aktuellen Auflage einen Artikel »Vorbild« aufweist. Dies hängt zum einen damit zusammen, dass die christliche Dogmatik eine ethische Auslegung des Christusglaubens ablehnt, die Jesus als bloßes Vorbild betrachtet. Zum anderen besteht christliche Anthropologie darauf, dass auch ein Christ Sünder bleibt, weshalb es sich verbiete, einen Menschen zu einem idealen Vorbild zu stilisieren.[1]

Solche Vorbehalte gegenüber dem Begriff des Vorbilds möchte ich keineswegs einfach abtun – es gilt vielmehr, ihre Berechtigung anzuerkennen und ihrem Anliegen Rechnung zu tragen. Jedoch darf dies uns nicht daran hindern, in einem christlichen Bezugsrahmen von Vorbildern zu sprechen. Ist doch bereits im frühen Christentum vielfach in positiver Weise vom

---

[1] Vgl. Friedrich Schweitzer, Art. Vorbild I. Dogmatisch, in: RGG[4] 8, Tübingen 2005, Sp. (1207 f.) 1207.

Vorbild die Rede. Aber auch abgesehen von einem spezifisch christlichen Kontext kommt man an dem Phänomen des Vorbilds nicht vorbei. So spielt in den komplexen Vorgängen des Lernens das Vorbild eine wichtige Rolle. Es ist darum auch eine Aufgabe sowohl der Pädagogik als auch der Ethik, sich mit den in der Gesellschaft in Geltung stehenden Vorbildern kritisch auseinanderzusetzen und »unter Berücksichtigung ethischer Kriterien [...] positive V[orbilder] zu identifizieren«.[2]

Einsetzend mit dem Neuen Testament, werde ich im Folgenden zunächst skizzieren, was in einem christlichen Sinne als Vorbild gelten darf. Dass christlicher Glaube nicht auf Vorbilder verzichten kann, soll danach ein Blick in die Kirchengeschichte zeigen. Ferner möchte ich prüfen, inwieweit sich mit christlichen Vorstellungen von Vorbildern Beobachtungen, Erkenntnisse und Reflexionen aus psychologischer, pädagogischer oder philosophischer Perspektive verbinden lassen. Die darauffolgenden Abschnitte werden vier protestantische Vorbilder behandeln: Albert Schweitzer (1875–1965), Dietrich Bonhoeffer (1906–1945), Sophie Scholl (1921–1943) und Martin Luther King (1929–1968).[3] Am Schluss steht ein Resümee, das in wenigen Sätzen die Ausgangsfrage zu beantworten sucht.

1. Vorbilder im Neuen Testament

Die Orientierung an Vorbildern hat das frühe Christentum mit seiner Umwelt gemeinsam. Von besonderem Interesse ist natürlich, wer in den neutestamentlichen Schriften als Vorbild fungiert und worin das Vorbildhafte jeweils besteht.

Beginnen wir mit den ältesten Texten des Neuen Testaments, den Briefen des Apostels Paulus! Hier begegnet uns gleich eine Überraschung. Sind wir es gewohnt, dass Menschen, die von einem Vorbild sprechen, auf einen anderen verweisen, fordert Paulus die von ihm in Korinth gegründete Gemeinde dazu auf, ihn selbst zum Vorbild zu nehmen. In 1Kor 4,16 heißt es: »So ermahne ich euch: Werdet meine Nachahmer!« In der antiken Welt war der mit »Nachahmung« übersetzte Begriff der »Mimesis« durchaus positiv besetzt – erinnert sei an seine vielfache Verwendung in der Philosophie, in

---

2 FRIEDRICH SCHWEITZER, Art. Vorbild II. Ethisch, in: RGG[4] 8, Tübingen 2005, Sp. 1208.

3 Übrigens gehören drei der genannten Personen auch zu den 16 evangelischen Persönlichkeiten des Protestant-O-Mats (URL: <https://www.evangelisch.de/protestantomat> [6.12.2022]). Durch die Beantwortung von 22 Fragen kann man hier herausfinden, mit welcher man die meisten Übereinstimmungen hat.

den Mysterienkulten oder auch im Judentum. Dagegen denken wir bei Nachahmung vor allem an eine Verhaltensweise unmündiger Kinder. Daher tut die Zürcher Bibel des Jahres 2007 Recht damit, wenn sie das Pauluswort übersetzt mit: »Ich bitte euch nun: Folgt meinem Beispiel!« Dass es Paulus nicht darum ging, die Bedeutung seiner eigenen Person herauszustellen, macht der Kontext deutlich. Paulus wendet sich ja gegen die Bildung von Gruppen in der korinthischen Gemeinde, die sich jeweils auf einen bestimmten Apostel oder Missionar berufen, um sich damit zu schmücken und gegeneinander aufzublähen (vgl. 1Kor 3,4; 4,6). Wie Paulus sollen die Korinther nicht auf den eigenen Vorteil bedacht sein, sondern auf den »Nutzen« möglichst vieler, womit zugleich ein missionarisches Interesse einhergeht (vgl. 1Kor 10,33; 11,1). Darüber hinaus sollen sie wie Paulus bereit sein, Leiden auf sich zu nehmen, wenn auch damit sicher nicht gemeint ist, dass sie die vom Apostel benannten Leidenserfahrungen (1Kor 4,9-13) zu kopieren hätten.[4]

Auch sonst geht es Paulus nicht darum, dass die Gemeindeglieder seine eigenen Verhaltensweisen übernehmen. Zwar kann er die von ihm praktizierte Ehelosigkeit empfehlen, zugleich respektiert er aber, wenn man ihm darin nicht folgt (vgl. 1Kor 7,6 f.). Vielmehr soll »seine Existenz als Apostel und Christ [...] als Modell dienen«,[5] insofern er sich selbst an Christus orientiert (vgl. 1Kor 11,1), der sich erniedrigt hat und gehorsam wurde bis zum Tod am Kreuz (Phil 2,8). Aus der Teilhabe an den Leiden Christi und der Erfahrung der Kraft seiner Auferstehung erwächst die Hoffnung, zur Auferstehung der Toten zu gelangen (vgl. Phil 3,10 f.).

Weil die Christen in Thessalonich dem Vorbild des Paulus und dem des Herrn Christus gefolgt sind, indem sie das ihnen verkündigte Evangelium trotz äußerer Bedrängnis mit Freude angenommen haben, sind sie »in Makedonien und in der Achaia ein Vorbild für alle Glaubenden geworden« (1Thess 1,7). Wiederum ist es das mit dem Evangelium einhergehende Leiden, was die Christen in Thessalonich zu Vorbildern macht. Damit sind sie nach dem Urteil des Paulus dem Beispiel der christlichen Gemeinden in Judäa gefolgt, weil sie dasselbe von ihren Mitbürgern erlitten haben wie jene von den Juden (1Thess 2,14).

---

4 Vgl. WOLFGANG SCHRAGE, Der erste Brief an die Korinther, 1. Teilbd.: 1Kor 1,1-6,11 (EKK VII/1), Zürich / Braunschweig / Neukirchen-Vluyn 1991, S. 358.

5 HERMANN VON LIPS, Der Gedanke des Vorbilds im Neuen Testament, in: EvTh 58 (1998), S. (295-309) 299.

Auch nach dem Tod des Apostels Paulus bleibt in den von ihm gegründeten Gemeinden das Thema »Vorbild« aktuell. Darum lag es nahe, in den innerhalb der Paulusschule entstandenen Briefen den Apostel als Vorbild vor Augen zu malen, dem es nachzueifern gilt. So dient Paulus in 2Thess 3,6-12 nun als moralisches Vorbild für einen ordentlichen Lebenswandel. Dass Paulus mit seiner eigenen Hände Arbeit seinen Lebensunterhalt verdient hat, wird als für die Christen verpflichtendes Vorbild hingestellt, während die eigentliche Motivation der historischen Gestalt des Paulus keine Rolle mehr spielt. Und in den Pastoralbriefen, d.h. in den beiden Timotheusbriefen und im Titusbrief, erhalten die beiden Gemeindeleiter Timotheus und Titus von Paulus – so jedenfalls die Brieffiktion – den Auftrag, sich als Vorbilder ihrer Gemeinden zu erweisen. Timotheus soll ein Vorbild für die Gläubigen sein »in Wort und Lebensführung, in der Liebe, im Glauben und in der Lauterkeit« (1Tim 4,12), während von Titus verlangt wird, ein Vorbild für die jüngeren Männer zu sein »im Tun des Guten und was die Lehre betrifft, ein Beispiel [...] unbestechlichen Urteils, von allen geachtet, untadelig in der Verkündigung des guten Wortes« (Tit 2,7 f.).

Ähnlich wie in den Pastoralbriefen werden auch im 1. Petrusbrief die kirchlichen Amtsträger ermahnt, sich vorbildlich zu verhalten, wenn den Ältesten gesagt wird: »Weidet die Herde Gottes, die euch anvertraut ist, und sorgt für sie, nicht unter Zwang, sondern aus freien Stücken, so wie es Gott gefällt! Seid nicht auf schnöden Gewinn aus, sondern tut es von Herzen, seid nicht Herren über eure Schützlinge, sondern ein Vorbild für eure Herde!« (1Petr 5,2 f.) Hingegen erinnert der Hebräerbrief bereits an frühere und offenbar verstorbene Gemeindeleiter, um sich diese als Vorbilder ins Gedächtnis zu rufen: »Behaltet diejenigen, die die Gemeinde geleitet haben und euch das Wort Gottes weitergesagt haben, im Gedächtnis; achtet darauf, wie ihr Leben geendet hat, und ahmt ihren Glauben nach!« (Hebr 13,7) Sie sind Vorbilder, weil sie bis an ihr Lebensende treu an ihrem Glauben festgehalten haben.[6]

Indem die frühen Christen sich der Hebräischen Bibel bzw. des Alten Testaments als ihrer heiligen Schrift bedienten, deren Verheißungen sich in Christus bereits erfüllt haben oder sich in naher Zukunft noch erfüllen werden, war es ihnen möglich, auch alttestamentliche Personen als Vorbilder für die eigene christliche Existenz aufzufassen. So sollen sich Christen dem Hebräerbrief zufolge Abraham als Vorbild nehmen, wenn es darum geht, auf

---

[6] Vgl. ERICH GRÄSSER, An die Hebräer, 3. Teilbd.: Hebr 10,19-13,25 (EKK XVII/3), Zürich / Neukirchen-Vluyn 1997, S. 370.

die Erfüllung der Hoffnung mit Geduld zu warten (vgl. Hebr 6,11-20). Als Vorbilder für Standhaftigkeit und Geduld im Leiden preist der Jakobusbrief die Propheten und Hiob (vgl. Jak 5,10 f.), um dann einige Verse später am Beispiel Elias zu verdeutlichen, was die Fürbitte eines Gerechten vermag (vgl. Jak 5,16b-18). Schließlich führt der Verfasser des Hebräerbriefs als Zeugen für den Glauben als einem »Feststehen bei dem, was man erhofft«, und einem »Beweis für Dinge, die man nicht sieht«,[7] eine Wolke von alttestamentlichen Glaubenszeugen (Hebr 11) an, beginnend mit Abel, wobei er nach der Hure Rahab wegen der großen Fülle nicht mehr in die Einzelheiten gehen kann. Das ändert aber nichts daran, dass für den Hebräerbrief letztlich Christus das maßgebliche Vorbild ist, dem zu folgen ist. Die Christen werden daher aufgerufen, in ihrem Leben, das einem Wettlauf gleicht, auf den hinzuschauen, »der unserem Glauben vorangeht und ihn vollendet, auf Jesus, der im Blick auf die vor ihm liegende Freude das Kreuz erduldet, die Schande gering geachtet und sich zur Rechten des Thrones Gottes gesetzt hat« (Hebr 12,2). Nur auf diese Weise werden sie teilhaben am ewigen transzendenten Gottesreich (vgl. Hebr 12,28).

Damit berührt sich, was Paulus unter »Nachahmung« Christi versteht. Diese gibt es erst nach Ostern und muss klar von der »Nachfolge« Jesu unterschieden werden. Während die Jünger dem irdischen Jesus im wörtlichen Sinne nachfolgten, bezieht sich die Nachahmung Christi auf das in Tod und Auferstehung realisierte Heilsgeschehen in Christus. Wie in den Mysterienkulten der Teilnehmer durch bestimmte Riten das Geschick der Gottheit nachvollzog, wird der Glaubende durch die Taufe auf den Tod Christi mit ihm begraben, damit er in Entsprechung zur Auferweckung Christi in einem neuen Leben wandeln soll (vgl. Röm 6,3 f.).[8] Der Weg Christi, auf dem die Christen ihm folgen sollen, ist ein Weg der Demut, der Selbsterniedrigung und des Gehorsams (vgl. Röm 15,2 f.; Phil 2,5-12). Oder in johanneischer Diktion: Wie Christus die Seinen geliebt hat, indem er sein Leben für sie hingegeben hat, sollen auch sie einander lieben, ja bereit sein, ihr Leben füreinander hinzugeben (vgl. Joh 13,34; 15,10.12 f.; 1Joh 3,16). Indem sie einander lieben, sind sie aus dem Tod ins Leben hinübergeschritten (vgl. 1Joh 3,14).

An zwei Stellen des Neuen Testaments begegnet sogar der Aufruf, sich Gott zum Vorbild zu nehmen: Zum einen heißt es in der Bergpredigt: »Ihr

---

7 Hebr 11,1; Übersetzung nach: a.a.O., S. 92.

8 Vgl. H. v. Lips, Der Gedanke des Vorbilds im Neuen Testament (s. Anm. 5), S. 304.

sollt vollkommen sein, wie euer himmlischer Vater vollkommen ist.« (Mt 5,48) Damit wird die gebotene Feindesliebe als Entsprechung zum Handeln des Schöpfers verstanden, »der seine Sonne über Böse und Gute aufgehen und über Gerechte und Ungerechte regnen lässt«, weshalb diejenigen, die ihre Feinde lieben, sich als Söhne und Töchter ihres Vaters im Himmel erweisen (vgl. Mt 5,45). Zum anderen werden die Adressaten des Epheserbriefs aufgefordert: »Werdet Nachahmer Gottes als geliebte Kinder!« (Eph 5,1) Oder mit anderen Worten: Wie Gott ihnen in Christus vergeben hat, so sollen auch sie einander vergeben (vgl. Eph 4,32).

Es bleibt allerdings festzuhalten: Auch wenn der Christ in einem umfassenderen Sinne Christus, ja Gott selbst zum Vorbild hat, werden damit menschliche Vorbilder keineswegs überflüssig. Dafür spricht nicht nur das Neue Testament, sondern auch die weitere Kirchengeschichte bis zum heutigen Tag.

2. Christlicher Glaube braucht Vorbilder

Die Verehrung von Märtyrern als Heilige lässt sich bereits für das 2. Jahrhundert nachweisen. Nach dem Ende der Christenverfolgungen weitete sich die Heiligenverehrung auch auf »Bischöfe und bes[onders] auf Asketen, Jungfrauen und Witwen« aus, »deren Lebensweise als unblutiges Martyrium gedeutet wurde«.[9] Damit war gegeben, dass Heilige als religiöse oder auch ethische Vorbilder betrachtet wurden, womit nicht in Abrede gestellt werden soll, dass sich mit ihnen noch ganz andere Vorstellungen verbunden haben - etwa als Fürbitter, Beschützer oder Nothelfer. Der Vorbildcharakter eines Heiligen gewann seit den Reformbewegungen des 11. Jahrhunderts noch an Bedeutung, insofern man nun auch religiöse Persönlichkeiten aus dem Bürgertum als Heilige verehrte - und zwar »wegen ihrer vorbildlichen Lebensführung und der ihnen dafür von Gott verliehenen bes[onderen] Kräfte«.[10]

Zwar lehnte die lutherische Reformation die Anrufung der Heiligen als himmlische Fürbitter und Helfer ab, da Christus der einzige Mittler zwischen Gott und den Menschen sei (vgl. 1Tim 2,5). Am Gedenken der Heiligen aber hielt man fest. So lehrt die Confessio Augustana, »daß man der Heiligen

---

[9] ULRICH KÖPF, Art. Heilige/Heiligenverehrung II. Kirchengeschichtlich, in: RGG[4] 3, Tübingen 2000, Sp. (1540-1542) 1541.

[10] S. ebd.

gedenken soll, auf daß wir unsern Glauben stärken, so wir sehen, wie ihnen Gnad widerfahren, auch wie ihnen durch Glauben geholfen ist; darzu, daß man Exempel nehme von ihren guten Werken, ein jeder nach seinem Beruf« (CA 21).[11] Die Apologie des Augsburger Bekenntnisses lehnt es einerseits ab, Maria mit Christus auf eine Stufe zu stellen, andererseits empfiehlt sie, »daß wir dem Exempel ihres Glaubens und ihrer Demut folgen sollen« (Apol 21).[12]

Das Gedenken an die Heiligen wurde innerhalb der protestantischen Erbauungsliteratur gepflegt. So veröffentlichte etwa ab dem Jahr 1552 der Straßburger lutherische Theologe und spätere Ulmer Superintendent Ludwig Rabus unter dem Titel »Der Heiligen auserwöhlten Gottes Zeugen, Bekennern und Martyrern wahrhafte Historien« einen evangelischen Kirchenkalender, in dem Bekenner und Märtyrer Christi vorgestellt werden, um durch deren Beispiel das Kirchenvolk zu bessern.[13] Diesen solle man nachfolgen, wie sie selbst Christus nachgefolgt sind. Das Werk, das 1558 schließlich acht Bände umfasste, brachte nicht nur Viten altkirchlicher Heiliger, sondern vor allem auch solche evangelischer Bekenner und Märtyrer.

Wie bereits in der Reformationszeit so gab es auch im 19. Jahrhundert Bestrebungen innerhalb der evangelischen Kirche, eine Liste von Glaubensvorbildern zu erstellen. 1962 wurde der von einem Ausschuss der Lutherischen Liturgischen Konferenz erarbeitete »Evangelische Namenkalender«[14] dem Rat der Evangelischen Kirche in Deutschland (EKD) vorgelegt und nach Einarbeitung gliedkirchlicher Änderungswünsche 1966 für den kirchlichen Gebrauch freigegeben. »Insgesamt sind in den Evangelischen Namenkalender über 400 Frauen und Männer aufgenommen worden. Sie waren Theologen, standhafte Christen oder unermüdlich im Dienst der Nächstenliebe tätig. Der Tag, dem sie zugeordnet werden, ist immer ihr Todestag. Gehören

---

11 Zit. nach: Die Bekenntnisschriften der evangelisch-lutherischen Kirche, hg. im Gedenkjahr der Augsburgischen Konfession 1930, Göttingen [7]1976, S. 83b.

12 Zit. nach: a.a.O., S. 322.

13 Vgl. WOLFGANG BRÜCKNER (Hg.), Volkserzählung und Reformation. Ein Handbuch zur Tradierung und Funktion von Erzählstoffen und Erzählliteratur im Protestantismus, Berlin 1974, S. 538 f.

14 Der Evangelische Namenkalender, hg. v. der Lutherischen Liturgischen Konferenz Deutschlands, Hannover 1984.

zu einzelnen Kalendertagen mehrere Namen, wurde einer auf einen benachbarten freien Tag gelegt.«[15]

Die Gestaltung des Evangelischen Namenkalenders ist u.a. durch folgende Leitlinien bestimmt:

»1. Die christlichen Märtyrer aller Zeiten stellen sozusagen den innersten Kreis der aufzunehmenden Zeugen dar.

2. Da es sich nicht um ein ›deutsch-protestantisches Walhalla‹ handelt, sind Zeugen aller Völker und Zeiten aufgenommen, sofern sie als exempla des Glaubens über einen engeren Kreis hinaus bekannt geworden sind.

3. Der Kalender ist ein ökumenischer Kalender; daher sind katholische und freikirchliche Zeugen nicht ausgeschlossen, sofern es sich um Gestalten handelt, an denen die Kraft des Evangeliums wirksam gewesen ist.

4. Die Aufnahme in den Kalender ist keine evangelische Heiligsprechung. Daher muß der Kalender auch grundsätzlich revidierbar bleiben; das betrifft besonders Gestalten der neueren Zeit.«[16]

3. »Vorbild« in philosophischer, psychologischer und pädagogischer Perspektive

Ist aus dem bisher Ausgeführten deutlich geworden, dass christlicher Glaube nicht auf Vorbilder verzichten kann, stellt sich nun die Frage, worin das Wesen eines Vorbilds besteht, d.h. was ein Vorbild zu einem Vorbild macht. Da christlicher Glaube nicht Weltflucht bedeutet, sondern in dieser Welt gelebt werden will, liegt es nahe, sich zu vergegenwärtigen, was Philosophie, Psychologie und Pädagogik zur Beantwortung dieser Frage beitragen können. Dabei beschränke ich mich auf solche Aspekte, die mit einem christlichen Verständnis von Vorbild kompatibel sind.

Was die philosophische Perspektive betrifft, möchte ich von einer m.E. grundlegenden Einsicht Max Schelers ausgehen. Danach sind Vorbilder »genetisch *ursprünglicher* als die Normen und darum hat man auch in allem

---

15 PETRA ZIEGLER, Überzeugt im Glauben, kraftvoll im Handeln. Persönlichkeiten aus dem Evangelischen Namenkalender, Stuttgart 2012, S. 8.

16 Der Evangelische Namenkalender (s. Anm. 14), S. 8 f. – Zur Biographie und Bedeutung der in den Evangelischen Namenkalender aufgenommenen Glaubenszeugen vgl. JÖRG ERB, Die Wolke der Zeugen. Lesebuch zu einem evangelischen Namenkalender, 4 Bde., Kassel 1951–1963; DERS., Geduld und Glaube der Heiligen. Die Gestalten des evangelischen Namenkalenders [Kurz-Viten], Kassel 1965; P. ZIEGLER, Überzeugt im Glauben, kraftvoll im Handeln (s. Anm. 15).

positiv-historischen Verstehen eines Normsystems [...] auf das System von Vorbildern [...] zurückzugehen«.[17] Worauf es beim Vorbild ankommt, besteht nach Scheler nicht darin, dass man dieses in seinen Handlungen und Gebärden lediglich nachahmt oder kopiert. Vielmehr geht es um das »erlebte Verhältnis« zum »Personalitätsgehalt« des Vorbildes. Aus der Liebe zu diesem Gehalt resultiert dann »*Gefolgschaft* in der Bildung ihres sittlich-persönlichen *Seins* selbst«.[18] Solche Gefolgschaft meint »ein von der Haltung der *Hingebung* an das Vorbildexempel umspanntes Hineinwachsen des Person*seins* selbst und der Gesinnung in Struktur und Züge des Vorbildes«.[19]

Oder anders formuliert: Der Ausrichtung »auf das ›Sein‹ der vorbildlichen Person entspricht das Streben des Nachfolgenden, so zu ›werden‹ wie das Vorbild, nicht aber etwa nur, so zu ›handeln‹«, wie man ein Beispiel befolgt.[20] »Die Art, wie sich der Nachfolgende dem Vorbild nähert, ist [...] in Liebe und Bewunderung unmerkliches Hineinwachsen in die Seinsart des Vorbildes, ein im Lieben und Bewundern unmerkliches Ähnlichwerden mit dem Geliebten [...].«[21] Dabei spielt es für die Wirksamkeit eines Vorbildes keine Rolle, ob es sich dabei um eine historische Person handelt oder nicht.[22]

Im Unterschied zum Ideal, das die vollendete Gestalt meiner eigenen sittlichen Wertschätzung darstellt, meint das Vorbild eine von mir unabhängige Person. Während die Beispielnachfolge vom eigenen Können abhängt, ist die Vorbildnachfolge davon unabhängig: »Wir können uns an Vorbildern erbauen, deren Beispiele wir nicht befolgen können.«[23] Dies ist gegenüber Scheler zu Recht geltend gemacht worden, der die Auffassung vertrat, Christus könne kein Vorbild mehr sein, sobald er als Gott angesehen werde.

---

17 Max Scheler, Der Formalismus in der Ethik und die materiale Wertethik. Neuer Versuch der Grundlegung eines ethischen Personalismus (GW 2), Bern ^{4}1954, S. 575.

18 S. ebd.

19 A.a.O., S. 581.

20 Siehe Kurt Haase, Das Wesen des Vorbilds und seine Bedeutung für die Erziehung [aus: Vierteljahrsschrift für wissenschaftliche Pädagogik 3 (1927), S. 243-273. 321-361], Sonderausg., Darmstadt 1964, S. 19.

21 A.a.O., S. 21.

22 Vgl. a.a.O., S. 25.

23 A.a.O., S. 48.

Dagegen spricht die Tatsache, dass durch die gesamte Kirchengeschichte hindurch Christus als Vorbild fungiert.[24]

Festgehalten zu werden verdient noch das Phänomen, dass eine und dieselbe Person in unterschiedlicher Weise als Vorbild wirksam sein kann. Dies lässt die Art und Weise der Christusnachfolge durch die Jahrhunderte klar hervortreten: »Den einen ergreift besonders das Heroische an ihm, den anderen seine Geistesfreiheit und Lebensunbekümmertheit, dieser erfaßt besonders tief seine Menschenliebe, jener seine Demut und seine Gottgeborgenheit. Jeder von all diesen bildet Christum in anderer Weise in sich nach.«[25] Dass die jeweiligen kulturellen Gegebenheiten und die religiöse Sozialisation des Einzelnen dabei eine große Rolle spielen, dürfte auf der Hand liegen.

Wenden wir uns psychologischen Aspekten von Vorbildern zu! Psychologisch gesehen, nimmt ein Vorbild erst dann konkrete Gestalt an, wenn der betreffende Mensch – um mit Marcell Müller-Wieland zu sprechen – »in einem anderen ein seelisches Erlebnis weckt, das jenen anderen zur Nachfolge aufruft«.[26] Strenggenommen ist damit »das Vorbild überhaupt nicht eine faktische Person, sondern ein ›Bild‹, das jener andere von diesem Menschen empfängt. Es ist ein Erlebnisinhalt jenes anderen.«[27] Der Mensch, der das Vorbild in der Seele des anderen lebendig werden lässt, wäre dann als vorbildliche Person zu bezeichnen.[28]

Kommen bei Kindern die für sie vorbildlichen Gestalten aus der näheren Umgebung, werden für Jugendliche gerade solche Persönlichkeiten wichtig, die ihnen im gegenwärtigen öffentlichen und kulturellen Leben oder auch in Geschichte, Kunst und Literatur begegnen.[29] Wenn auch die Vorbild-Nachfolge in freier Entscheidung erfolgt, muss dies keineswegs auch bewusst geschehen.[30] Zwar ist das Streben nach Autonomie bei Heranwachsenden

---

[24] Vgl. a.a.O., S. 48 f.

[25] Vgl. a.a.O., S. 54.

[26] Siehe MARCEL MÜLLER, Untersuchungen über das Vorbild. Ein Beitrag zur Frage nach der allgemeinen Verantwortlichkeit für das Vorbild-Erleben der reiferen Jugend, Bern 1949, S. 12.

[27] Ebd.

[28] Vgl. a.a.O., S. 13.

[29] Vgl. a.a.O., S. 156.

[30] Vgl. a.a.O., S. 217 f.

häufig mit der Ablehnung von persönlichen Vorbildern verbunden, aber das schließt nicht aus, dass man als vorbildlich erlebte Werte eines anderen in sich aufnimmt und die eigene Gesinnung danach ausrichtet.[31] Die Ausbildung eines Lebensideals, das aus dem Vorbild-Erleben erwächst, begleitet oft das ganze menschliche Leben.[32]

War das Vorbild in der geisteswissenschaftlichen Pädagogik und in der Entwicklungspsychologie von hoher Bedeutung, änderte sich dies in den 1970er-Jahren des 20. Jahrhunderts grundlegend. Jedoch mit dem Aufkommen der Lerntheorien, speziell mit dem »Lernen am Modell« (Albert Bandura) erhielt das Vorbild innerhalb der Pädagogik eine neue Berechtigung.[33]

4. Albert Schweitzer – Vorbild für unmittelbares menschliches Dienen

Hätte man in den 1950er-Jahren hier in Deutschland Menschen nach ihren Vorbildern befragt, so hätte man sicher häufig den Namen von Albert Schweitzer gehört. Dass uns als liberalen Christinnen und Christen auch heute Schweitzer ein Vorbild sein kann, möchte ich im Folgenden zeigen.

Auch uns beeindruckt es noch zutiefst, wie ein Mensch, der am Beginn einer kirchlichen und universitären Karriere steht, alles hinter sich lässt, um als Arzt nach Afrika zu gehen. Damit wollte Albert Schweitzer seine bereits im Alter von 21 Jahren gemachte Selbstverpflichtung einlösen, ab dem 30. Lebensjahr sich »einem unmittelbaren menschlichen Dienen« hinzugeben – und zwar aus Dankbarkeit für das erfahrene Glück, »studieren zu dürfen und in Wissenschaft und Kunst etwas leisten zu können«.[34] Zugleich war aber für seine Entscheidung der Gedanke der Nachfolge Jesu von maßgebender Bedeutung, schreibt Schweitzer doch in seiner Autobiographie: »Gar viel hatte mich beschäftigt, welche Bedeutung dem Worte Jesu, ›Wer sein Leben will behalten, der wird es verlieren, und wer sein Leben verliert um meinet-

---

31 Vgl. a.a.O., S. 229.

32 Vgl. a.a.O., S. 226.

33 Vgl. RAINER LACHMANN, Art. Vorbild III. Pädagogisch, in: RGG[4] 8, Tübingen 2005, Sp. (1208 f.) 1209.

34 ALBERT SCHWEITZER, Aus meinem Leben und Denken (1931), in: ders., Gesammelte Werke (= GW), hg. v. Rudolf Grabs, Bd. 1, München 1974, S. (19-252) 98.

und des Evangeliums willen, der wird es behalten‹, für mich zukomme. Jetzt war sie gefunden. Zu dem äußeren Glücke besaß ich nun das innerliche.«[35]

Bereits einige Monate bevor er der Pariser Evangelischen Missionsgesellschaft seinen Entschluss mitteilte, sich in ihren Dienst stellen zu wollen, ließ er seine Freundin und spätere Frau Helene Bresslau wissen: »Ich habe nicht mehr den Ehrgeiz, ein großer Gelehrter zu werden, sondern mehr – einfach ein Mensch.«[36] Schweitzer fühlte sich »geistig gefangengehalten und eingeengt« durch eine überkommene Zivilisation. Statt eine Professur und ein bequemes Leben anzustreben, wollte er »Jesus dienen«.[37] Das klingt recht fromm. Was ist aber damit gemeint?

Einen trefflichen Kommentar bilden m.E. die letzten Sätze aus Schweitzers Schlussbetrachtung seiner »Geschichte der Leben-Jesu-Forschung«, die sein eigenes Jesusbekenntnis darstellen:

»Als ein Unbekannter und Namenloser kommt er zu uns, wie er am Gestade des Sees an jene Männer, die nicht wußten, wer er war, herantrat. Er sagt dasselbe Wort: Du aber folge mir nach! und stellt uns vor die Aufgaben, die er in unserer Zeit lösen muß. Er gebietet. Und denjenigen, welche ihm gehorchen, Weisen und Unweisen, wird er sich offenbaren in dem, was sie in seiner Gemeinschaft an Frieden, Wirken, Kämpfen und Leiden erleben dürfen, und als ein unaussprechliches Geheimnis werden sie erfahren, wer er ist ...«[38]

Damit macht Schweitzer deutlich, dass es bei der Jesusnachfolge nicht um Nachahmen des Lebenswandels Jesu geht. Vielmehr stellen sich die mit der Nachfolge verknüpften Aufgaben zu jeder Zeit neu.

Im Sinne eines liberalen Christentums spricht sich Schweitzer dafür aus, dass unser Verhältnis zum historischen Jesus »zugleich ein wahrhaftiges und ein freies« sein muss. D.h., die gegenüber der Zeit Jesu veränderte Weltanschauung macht es nötig, uns von dem der endzeitlichen Naherwartung verhafteten Vorstellungsmaterial seiner Botschaft zu lösen. Worauf es ankommt, ist dann dies: »Aber unter den dahinter stehenden gewaltigen

---

35 A.a.O., S. 99.

36 ALBERT SCHWEITZER, Brief an Helene Bresslau vom 26.[25.]2.1905, in: ders. / Helene Bresslau, Die Jahre vor Lambarene 1902–1912, hg. v. Rhena Schweitzer Miller u. Gustav Woytt, München 1992, S. (82-84) 83.

37 Ebd.

38 ALBERT SCHWEITZER, Geschichte der Leben-Jesu-Forschung (UTB 1302), Tübingen ^{9}1984 (^{1}1913), S. 630.

Willen beugen wir uns und suchen ihm in unserer Zeit zu dienen, daß er in dem unsrigen zu neuem Leben und Wirken geboren werde und an unserer und der Welt Vollendung arbeite. Darin finden wir das Eins-Sein mit dem unendlichen Weltwillen und werden Kinder des Reiches Gottes.«[39]

Das Reich Gottes können wir nicht mehr wie Jesus von einem endgültigen Eingreifen Gottes in die Geschichte erwarten. Vielmehr ist dessen Realisierung in unsere Hände gelegt. »Nur darauf kommt es an« - so Schweitzer -, »daß wir den Gedanken des durch sittliche Arbeit zu schaffenden Reiches mit derselben Vehemenz denken, mit der er [sc. Jesus] den von göttlicher Intervention zu erwartenden in sich bewegte, und miteinander wissen, daß wir imstande sein müssen, alles dafür dahinzugeben.«[40]

Dass Nachfolge eine ernste, bisweilen gefährliche Sache ist, gibt Schweitzer in einem Brief an Helene Bresslau zu erkennen, nachdem er dem Pariser Missionsdirektor geschrieben hat, um sich als Missionar zur Verfügung zu stellen:

»Ich bin froh. Es ist getan. Aber mir ist bange. Nicht daß ich irgend etwas bedauerte. Nein! Wie könnte ich leben, wenn ich die Pflicht fühle, dort hinzugehen? Ich gehe hin! Aber was wird mein Schicksal sein? Wie wird mein Tod sein? Wie meine Leiden? Ich gehe dort hin, um bei Jesus zu sein; er verfahre mit mir, wie er will. Ich werde ihn finden, das weiß ich. Und beten können: Dein Reich komme! Ich will verstehen, was das Wort bedeutet, das er gesagt hat: ›Wer sein Leben verliert um meinetwillen und des Evangeliums willen, der wird es behalten.‹«[41]

Inwiefern sich solche Erwartung erfüllte, lässt das kürzlich erschienene Buch »Albert Schweitzer und sein Spital«[42] von Roland Wolf erkennen, das auf der Basis der Korrespondenz zwischen Schweitzer und der Pariser Mission geschrieben ist. Fast die Hälfte seiner Lebenszeit hat Schweitzer in Lambarene verbracht. Hier musste er nicht nur ein menschenfeindliches Klima aushalten, sondern hatte auch zahlreiche Krisen und Konflikte - nicht zuletzt mit der Pariser Mission - zu bestehen.

---

39 A.a.O., S. 628.

40 A.a.O., S. 627.

41 A. SCHWEITZER, Brief an Helene Bresslau vom 9.7.1905, in: ders. / H. Bresslau, Die Jahre vor Lambarene 1902–1912 (s. Anm. 36), S. (101 f.) 100.

42 ROLAND WOLF, Albert Schweitzer und sein Spital in Lambarene. 60 Jahre unmittelbares menschliches Dienen (BASF 13), Berlin 2021.

Dass das Komitee der Pariser Mission größere Probleme damit hatte, einen liberalen Theologen als Missionsarzt für Gabun zu akzeptieren, schildert Schweitzer in seiner Autobiographie mit folgenden Worten:

»[...] die Strenggläubigen leisteten Widerstand. Man beschloß, mich vor das Komitee zu laden und ein Glaubensexamen mit mir anzustellen. Darauf ging ich nicht ein, mit der Begründung, daß Jesus bei der Berufung seiner Jünger von ihnen nichts anderes verlangt habe, als daß sie ihm nachfolgen wollten. [...] Hingegen erbot ich mich, jedem Mitglied einen persönlichen Besuch zu machen, damit es sich auf Grund der mit mir geführten Unterhaltung darüber klarwerden könne, ob ich wirklich eine so große Gefahr für die Seelen der Neger und die Reputation der Missionsgesellschaft bedeutete. Dieser Vorschlag wurde angenommen und kostete mich einige Nachmittage. Einige wenige empfingen mich kalt. Die meisten versicherten mir, daß mein theologischer Standpunkt ihnen besonders deswegen Bedenken mache, weil ich in Versuchung kommen könne, drüben mit meiner Wissenschaft die Missionare zu verwirren und mich auch als Prediger betätigen zu wollen. Als ich ihnen versicherte, daß ich nur Arzt sein wolle und mir im übrigen vornähme, [...] stumm wie ein Karpfen zu sein, waren sie beruhigt.«[43]

Wie es Schweitzer selbst erwartet hatte, spielten dogmatische Fragen in den Predigten der Missionare in Gabun keine Rolle. Originalton Schweitzer: »Wollten sie von ihren Zuhörern verstanden werden, so konnten sie nicht anders, als ihnen das einfache Evangelium vom Freiwerden von der Welt durch den Geist Jesu verkünden, wie es aus der Bergpredigt und den herrlichsten Sprüchen Pauli an uns ergeht. Mit Notwendigkeit trugen sie ihnen das Christentum in erster Linie als ethische Religion vor.«[44] So sah jedenfalls Schweitzers Wahrnehmung aus. Daher verwunderte es ihn nicht, dass die Missionare ihn baten, Predigten zu übernehmen.

Die Konflikte Schweitzers mit der Pariser Mission endeten jedoch erst mit dem Bau eines neuen Spitals auf eigenem Grund und Boden im Jahr 1926. In Lambarene widmete sich Schweitzer vor allem »in aufopferungsvoller Weise dem Dienst am leidenden Mitmenschen« in dem von ihm selbst geschaffenen Krankendorf, für das es ihm über Jahrzehnte hinweg immer wieder gelang, Helferinnen und Helfer zu gewinnen.[45]

Gewiss sind wir selbst wohl kaum in der Lage, ein Krankenhaus in Afrika oder wo es vonnöten ist zu erbauen und zu betreiben. Dennoch kann

---

43 A. SCHWEITZER, Aus meinem Leben und Denken (s. Anm. 34), S. 129.

44 A.a.O., S. 154.

45 R. WOLF, Albert Schweitzer und sein Spital in Lambarene (s. Anm. 42), S. 203.

Albert Schweitzer uns zum Vorbild in der Zuwendung zu dem unserer Hilfe bedürfenden Mitmenschen werden, nicht zuletzt dann, wenn wir dafür persönliche Opfer bringen müssen. Dabei ist mir noch folgender Gedanke von ihm wichtig: Da wir nicht alle einen Beruf haben, der ein unmittelbares Einwirken auf andere Menschen ermöglicht, empfahl Schweitzer, »neben unserer gewöhnlichen Beschäftigung noch eine Art Nebenamt [zu] haben, wo wir irgendwie greifbar dem Reich Gottes dienen« - sei es im Lindern von Not, in der Erziehung, im Besuchen von Einsamen oder im Trösten der Traurigen.[46]

5. Dietrich Bonhoeffer und Sophie Scholl – Vorbilder für die Übernahme von Verantwortung

Als Vorbild kommt Dietrich Bonhoeffer für uns in Betracht wegen seiner geradlinigen theologischen Haltung im Dritten Reich. Obwohl er in seiner Theologie insgesamt stärker durch Karl Barth geprägt war, darf in unserem Zusammenhang der Einfluss Adolf von Harnacks nicht unterschätzt werden. Dies wird deutlich in Bonhoeffers Gedächtnisrede, die er am 15. Juni 1930 im Goethesaal des Harnack-Hauses in Berlin als Vertreter des letzten Schülerkreises hielt. Darin hob Bonhoeffer Harnacks »unbeirrbare[s] Streben nach Wahrheit und Klarheit«[47] hervor:

»Dem Geiste seines Seminars war die bloße Redensart fremd. Es mußte um jeden Preis klar zugehen. [...] Aber es wurde uns an ihm deutlich, daß Wahrheit nur aus Freiheit geboren wird. Wir sahen in ihm den Vorkämpfer des freien Ausdrucks einmal erkannter Wahrheit, der sein freies Urteil je und je neu bildete und es ungeachtet aller ängstlichen Gebundenheit der Vielen je wieder deutlich zum Ausdruck brachte.«[48]

Für Bonhoeffer fanden in Harnack als Theologen »Wahrheit und Freiheit ihre echte Bindung«. Harnacks Vermächtnis erblickte Bonhoeffer darin, »daß die Botschaft von dem Vatergott und dem Menschenkind ewiges Recht [...] habe«.[49] Darüber hinaus konnte der Schüler das Anliegen seines Lehrers

---

[46] Siehe ALBERT SCHWEITZER, Predigten 1898–1948, hg. v. Richard Brüllmann u. Erich Gräßer (Werke aus dem Nachlaß), München 2001, S. 1182.

[47] DIETRICH BONHOEFFER, Rede zum Gedächtnis Adolf von Harnacks, in: ders., Barcelona, Berlin, Amerika 1928–1931 (DBW 10), hg. v. Reinhart Staats u. Hans Christoph von Hase, München 1991, S. (346-349) 347.

[48] Ebd.

[49] A.a.O., S. 348.

in die Worte fassen: »Echte Freiheit des Forschens, des Schaffens, des Lebens und tiefstes Gehalten- und Gebundensein durch den ewigen Grund alles Denkens und Lebens überhaupt.«[50]

Sein Aufsatz »Die Kirche vor der Judenfrage«,[51] den Bonhoeffer angesichts des Judenboykotts am 1. April und des Erlasses des Arierparagraphen am 7. April 1933 verfasste, lässt erkennen, wie ernst es ihm mit der Wahrheit und der Klarheit war. Zwar billigte er dem Staat zu, in der Judenfrage »neue Wege zu gehen«.[52] Jedoch erfolgte gleich die Einschränkung: Sollte der Staat dabei gegen die Moral verstoßen, seien humanitäre Verbände und einzelne Christen dazu aufgerufen, den Staat zu verklagen. Ganz im Sinne der lutherischen Zwei-Reiche-Lehre gedacht, könne die Kirche zwar kein »bestimmtes andersartiges Handeln fordern«, dagegen sei es sehr wohl ihre Aufgabe, den Staat danach zu fragen, ob sein Handeln zu Recht und Ordnung führe oder gerade das Gegenteil bewirke.[53] Und genau dies hielt er im Blick auf die Behandlung der Juden durch den Staat für erforderlich. Darüber hinaus sieht Bonhoeffer die Kirche in der unbedingten Pflicht, den Opfern des Staatshandelns zur Seite zu stehen - unabhängig davon, ob diese der christlichen Gemeinde angehören oder nicht.[54] Dabei beruft er sich auf das Pauluswort »Tut Gutes an jedermann!« (Gal 6,10). Ja, er erkennt sogar die Notwendigkeit, »nicht nur die Opfer unter dem Rad zu verbinden, sondern dem Rad selbst in die Speichen zu fallen« - jedenfalls dann, »wenn die Kirche den Staat in seiner Recht und Ordnung schaffenden Funktion versagen sieht«.[55] Über die »Notwendigkeit des unmittelbar politischen Handelns der Kirche« sollte Bonhoeffer zufolge ein »evangelisches Konzil« entscheiden.[56]

Ohne Wenn und Aber widerspricht Bonhoeffer der Einführung des Arierparagraphen in der evangelischen Kirche, wenn es heißt: »Die Kirche kann sich ihr Handeln an ihren Gliedern nicht vom Staate vorschreiben lassen.

---

[50] Ebd.

[51] Dietrich Bonhoeffer, Die Kirche vor der Judenfrage, in: Der Vormarsch, Jg. 3 (1933), H. 6 (Juni 1933); zit. nach: ders., Barcelona, Berlin, Amerika 1928–1931 (s. Anm. 47), S. 349-358.

[52] A.a.O., S. 351.

[53] S. ebd.

[54] Vgl. a.a.O., S. 353.

[55] A.a.O., S. 353 f.

[56] S. a.a.O., S. 354.

Der getaufte Jude ist Glied unserer Kirche.«[57] Auch stellt er klar, dass für die Kirche Christi Judentum ein religiöser und kein rassischer Begriff ist. Gemeint sei damit das Volk Israel und nicht eine angebliche jüdische Rasse, eine nach seinem Urteil »biologisch fragwürdige Größe«.[58] Als dann die von den Deutschen Christen dominierten Synoden der Evangelischen Kirche der altpreußischen Union im August/September 1933 den staatlichen Arierparagraphen übernahmen und damit Pfarrer und Kirchenbeamte jüdischer Herkunft aus dem kirchlichen Dienst ausschlossen, gründete Bonhoeffer zusammen mit Martin Niemöller den Pfarrernotbund, der seine Mitglieder auf die Bibel und die Bekenntnisse, zur Solidarität mit allen, die unter den Maßnahmen der Deutschen Christen zu leiden hatten, sowie zur Ablehnung des Arierparagraphen innerhalb der Kirche verpflichtete.[59] Bonhoeffer ließ keinen Zweifel daran, dass sich die Evangelische Kirche der altpreußischen Union mit dem Arierparagraphen von der Kirche Christi getrennt habe.[60]

In theologisch pointierter Argumentation lehnen Bonhoeffers Thesen: »Der Arier-Paragraph in der Kirche« vom September 1933 die Übernahme des Arierparagraphen durch die Kirche – in welcher Gestalt auch immer – kompromisslos ab. Hören wir auf die entscheidenden Sätze:

»Kirche ist die Gemeinde der Berufenen, in der das Evangelium recht gepredigt und die Sakramente recht verwaltet werden, die kein Gesetz für die Zugehörigkeit zu ihr aufrichtet. Darum ist der Arier-Paragraph eine Irrlehre von der Kirche und zerstört ihre Substanz. Darum gibt es einer Kirche gegenüber, die den Arier-Paragraphen in dieser radikalen Form durchführt, nur noch einen Dienst der Wahrheit, nämlich den Austritt. Dies ist der letzte Akt der Solidarität mit meiner Kirche, der ich nie anders als allein mit der ganzen Wahrheit und allen ihren Konsequenzen dienen kann.

Die Entfernung der Judenchristen aus den Pfarrämtern steht mit dem Wesen des Pfarramts im Widerspruch. Nach Luthers Lehre sind alle Christen durch die Taufe zu Priestern geweiht, sie sind gleichen Rechts und haben jeder das Recht und die Pflicht der Lehre und des Hörens des Wortes Gottes. Das Pfarramt wird dem durch die Taufe zum Priester geweihten

---

57 A.a.O., S. 355.

58 S. a.a.O., S. 356.

59 Vgl. Eberhard Bethge, Dietrich Bonhoeffer. Theologe · Christ · Zeitgenosse, München [4]1978, S. 363 f.; Carsten Nicolaisen, Art. Pfarrernotbund, in: RGG[4] 6, Tübingen 2003, Sp. 1223 f.

60 Vgl. E. Bethge, Dietrich Bonhoeffer (s. Anm. 59), S. 365.

Christen von der Gemeinde übertragen und erfordert von ihm rechte Lehre, christlichen Wandel und geistliche Gaben. Der Pfarrer übernimmt sein Amt als Auftrag Christi und nur ein Verstoß gegen eines von jenen Erfordernissen kann Grund für die Zurückziehung des Auftrags der Gemeinde sein.«[61]

Obwohl Bonhoeffer im Juni 1939 die Möglichkeit hatte, einen ihm in Harlem/USA angebotenen Lehrstuhl zu übernehmen, machte er von diesem Angebot keinen Gebrauch, da er seine Aufgabe in Deutschland im Widerstand gegen das NS-Regime sah, weil die Zeit gekommen war, »dem Rad in die Speichen zu fallen«. In seinem Rückblick auf die letzten zehn Jahre zum Jahreswechsel 1942/43 gibt Bonhoeffer jedenfalls implizit einen Einblick in die christliche Motivation für seinen politischen Widerstand, wenn er schreibt:

»Wir sind gewiß nicht Christus und nicht berufen, durch eigene Tat und eigenes Leiden die Welt zu erlösen [...]. Wir sind nicht Christus, aber wenn wir Christen sein wollen, so bedeutet das, daß wir an der Weite des Herzens Christi teilbekommen sollen in verantwortlicher Tat, die in Freiheit die Stunde ergreift und sich der Gefahr stellt, und in echtem Mitleiden, das nicht aus der Angst, sondern aus der befreienden und erlösenden Liebe Christi zu allen Leidenden quillt. Tatenloses Abwarten und stumpfes Zuschauen sind keine christlichen Haltungen. Den Christen rufen nicht erst die Erfahrungen am eigenen Leibe, sondern die Erfahrungen am Leibe der Brüder, um derentwillen Christus gelitten hat, zur Tat und zum Mitleiden.«[62] Mit den »Brüdern« meint Bonhoeffer insbesondere die Juden.[63]

Wenn auch die Bereitschaft zum Martyrium nicht die Sache Vieler ist, hinsichtlich seines Optimismus kann uns allen aber Bonhoeffer zum Vorbild werden - und zwar nicht etwa im Sinne eines »feigen Optimismus«, der über die Schwierigkeiten und Nöte hinweggeht und sich der persönlichen Über-

---

[61] DIETRICH BONHOEFFER, Thesen: »Der Arier-Paragraph in der Kirche«, in: ders., Barcelona, Berlin, Amerika 1928–1931 (s. Anm. 47), S. (408-415) 412.

[62] DIETRICH BONHOEFFER, Nach zehn Jahren, in: ders., Widerstand und Ergebung. Briefe und Aufzeichnungen aus der Haft (DBW 8), hg. v. Christian Gremmels, Eberhard Bethge u. Renate Bethge, München 1998, S. (19-39) 34.

[63] Vgl. DIETRICH BONHOEFFER, Ethik (DBW 6), hg. v. Ilse Tödt, Heinz Eduard Tödt, Ernst Feil u. Clifford Green, München 1992, S. 130: »Die Kirche bekennt, die willkürliche Anwendung brutaler Gewalt, das leibliche und seelische Leiden unzähliger Unschuldiger, Unterdrückung, Haß, Mord, gesehen zu haben, ohne ihre Stimme für sie zu erheben, ohne Wege gefunden zu haben, ihnen zu Hilfe zu eilen. Sie ist schuldig geworden am Leben der Schwächsten und Wehrlosesten Brüder Jesu Christi.«

nahme von Verantwortung entzieht. Für Bonhoeffer ist Optimismus vielmehr »eine Lebenskraft, eine Kraft der Hoffnung, wo andere resignieren, eine Kraft, den Kopf hoch zu halten, wenn alles fehlzuschlagen scheint, eine Kraft, Rückschläge zu ertragen, eine Kraft, die die Zukunft niemals dem Gegner läßt, sondern sie für sich in Anspruch nimmt«.[64] Und so münden Bonhoeffers Gedanken über den Optimismus folgerichtig in den markanten Satz: »Mag sein, daß der Jüngste Tag morgen anbricht, dann wollen wir gern die Arbeit für eine bessere Zukunft aus der Hand legen, vorher aber nicht.«[65]

Getragen wird solcher Optimismus bei Bonhoeffer durch seinen Glauben, den er in folgenden »Glaubenssätze[n] über das Walten Gottes in der Geschichte« zum Ausdruck gebracht hat:

»Ich glaube, daß Gott aus allem, auch aus dem Bösesten, Gutes entstehen lassen kann und will. Dafür braucht er Menschen, die sich alle Dinge zum Besten dienen lassen. Ich glaube, daß Gott uns in jeder Notlage soviel Widerstandskraft geben will, wie wir brauchen. Aber er gibt sie nicht im voraus, damit wir uns nicht auf uns selbst, sondern allein auf ihn verlassen. In solchem Glauben müßte alle Angst vor der Zukunft überwunden sein. Ich glaube, daß auch unsere Fehler und Irrtümer nicht vergeblich sind, und daß es Gott nicht schwerer ist, mit ihnen fertig zu werden, als mit unseren vermeintlichen Guttaten. Ich glaube, daß Gott kein zeitloses Fatum ist, sondern daß er auf aufrichtige Gebete und verantwortliche Taten wartet und antwortet.«[66]

Als ein überzeugendes Vorbild für die Übernahme von Verantwortung darf neben Bonhoeffer auch Sophie Scholl gelten, die ihren Widerstand gegen das Terrorregime des NS-Staates mit ihrem jungen Leben bezahlen musste. Aufgewachsen in einem liberalen bürgerlichen Elternhaus - die Mutter eine fromme evangelische Frau, die vor ihrer Ehe Diakonisse war, der Vater ein glühender Verehrer Friedrich Schillers -, ließ sie sich als Jugendliche wie ihre Geschwister zum Leidwesen der Eltern zunächst von der nationalsozialistischen Bewegung in deren Bann ziehen. Über mehrere Jahre engagierte sie sich seit 1934 als Führerin im zur Hitlerjugend gehörenden »Bund Deutscher Mädel«. Erst der von Hitler mit dem Überfall auf Polen ausgelöste Zweite Weltkrieg veränderte grundlegend ihre Beurteilung des Nationalsozialismus. So schrieb sie am 5. September 1939 an ihren

---

64 D. Bonhoeffer, Nach zehn Jahren (s. Anm. 62), S. 36.

65 Ebd.

66 A.a.O., S. 30 f.

Freund Fritz Hartnagel, Berufsoffizier in der Wehrmacht: »Ich kann es nicht begreifen, dass nun dauernd Menschen in Lebensgefahr gebracht werden von anderen Menschen. Ich kann es nie begreifen, und ich finde es entsetzlich. Sag nicht, es ist fürs Vaterland.«[67] Damit stellte sie den Sinn des Krieges infrage, womit sie den pazifistischen Gedanken ihres Vaters folgte.[68]

Für ihren weiteren Weg in den Widerstand wurde das Evangelische Fröbel-Seminar in Ulm-Söflingen bedeutsam, das sie ab April 1940 besuchte, in der Hoffnung, mit der Kindergärtnerinnen-Ausbildung dem Reichsarbeitsdienst entgehen zu können. Der in einem schwäbischen Pfarrhaus aufgewachsenen Leiterin des Fröbel-Seminars, Emma Kretschmer, war es ein besonderes Anliegen, die angehenden Kindergärtnerinnen mit den Gedanken von Johann Friedrich Oberlin, Friedrich Fröbel und Maria Montessori bekannt zu machen. Aus dieser Zeit ist in Sophie Scholls Aufzeichnungen ein zentraler Gedanke von Albert Schweitzers Ehrfurchtsethik festgehalten, der der nationalsozialistischen Rassen- und Herrenmenschenideologie stracks zuwiderläuft, wenn es heißt: »Die Ethik fragt nicht, ob dieses oder jenes Leben als wertvoll erhalten oder gefördert werden soll. Das Leben als solches ist das geheimnisvoll wertvolle, dem ich in Gedanken und Tun Ehrfurcht zu erweisen habe.«[69]

Was an Sophie Scholl besticht, ist die Konsequenz ihres Denkens und des daraus resultierenden Handelns. So ließ sie sich nicht vom allgemeinen Freudentaumel über den gegen Frankreich gewonnenen Blitzkrieg einlullen. Vielmehr gelangte sie zur Einsicht: »Wenn eine Politik böse ist, muss man die Niederlage des eigenen Volkes wünschen, um der Gerechtigkeit zum Sieg zu verhelfen.«[70] Darum begrüßte sie im Februar 1941 gegenüber ihrem Freund auch die Proteste der Amsterdamer Bevölkerung gegen die Judeninhaftierungen.[71] Und im Überfall auf die Sowjetunion im Juni 1941 erahnte sie bereits den »endgültigen Schritt in den Untergang« des Dritten Reichs.[72]

---

67 Zit. nach: Barbara Beuys, Sophie Scholl. Biografie, München 2010, S. 204.

68 Vgl. Maren Gottschalk, Wie schwer ein Menschenleben wiegt. Sophie Scholl. Eine Biografie, München 2020, S. 150.

69 Siehe B. Beuys, Sophie Scholl. Biografie (s. Anm. 67), S. 229 f.

70 A.a.O., S. 234.

71 Vgl. a.a.O., S. 265.

72 S. a.a.O., S. 287.

Selbst in der Erfahrung eigener Ohnmacht gab Sophie Scholl ihren christlichen Glauben nicht auf, wenn sie am 12. Dezember 1941 ihrem Tagebuch die folgenden Worte anvertraute: »Ich will mich an Ihn klammern, und wenn alles versinkt, so ist nur er, wie schrecklich, wenn er einem fern ist.«[73] In den folgenden Monaten religiösen Ringens wurde sie Gottes Wirklichkeit gewiss, wenn auch noch als eines »großen Unbekannten«. So hielt sie im Juni 1942 im Tagebuch ihr Gebet fest: »Ich weiß ja, dass Du mich annehmen willst, wenn ich aufrichtig bin, und mich hören wirst, wenn ich mich an Dich klammere.«[74]

Waren im Sommer 1942 von Sophie Scholls Bruder Hans und dessen Freund Alexander Schmorell vier »Flugblätter der Weißen Rose« in Umlauf gebracht worden, entschloss sie sich über Weihnachten, zusammen mit diesen beiden nun selbst »zum Jahresanfang 1943 mit einer Flugblattaktion unter dem Zeichen der ›Weißen Rose‹ Widerstand zu leisten«.[75] Das fünfte Flugblatt der Weißen Rose vom Januar 1943 rief alle Deutschen dazu auf, sich entschlossen vom Nationalsozialismus zu trennen und für ein neues Deutschland in einem föderal geordneten, freiheitlichen Europa einzutreten: »Freiheit der Rede, Freiheit des Bekenntnisses, Schutz des einzelnen Bürgers vor der Willkür verbrecherischer Gewaltstaaten, das sind die Grundlagen des neuen Europa.«[76] Die Flugblattaktion der Geschwister Scholl am 18. Februar 1943 in der Münchner Universität, an der Sophie Scholl seit Mai 1942 nach Ableistung von Reichsarbeitsdienst und Kriegshilfsdienst Biologie und Philosophie studierte, richtete sich dann speziell an die Studierenden mit dem Aufruf, sich von der »verabscheuungswürdigsten Tyrannis« zu befreien, »die unser Volk je erduldet hat«. In diesem sechsten Flugblatt der Weißen Rose war zu lesen: »Es gibt für uns nur eine Parole: Kampf gegen die Partei! Heraus aus den Parteigliederungen, in denen man uns politisch weiter mundtot machen will! Heraus aus den Hörsälen der SS-, Unter- oder Oberführer und Parteikriecher! Es geht uns um wahre Wissenschaft und echte Geistesfreiheit! Kein Drohmittel kann uns schrecken, auch nicht die

---

73 A.a.O., S. 309.

74 A.a.O., S. 357.

75 BARBARA BEUYS, Sophie Scholl: vom NS-Engagement zum Widerstand, in: Hier stehe ich. Gewissen und Protest – 1521 bis 2021. Begleitband zur Landesausstellung 3. Juli bis 30. Dezember 2021, hg. v. Thomas Kaufmann u. Katharina Kunter im Auftrag des Museums der Stadt Worms im Andreasstift, Worms 2021, S. (194-210) 197.

76 V. Flugblatt der Weißen Rose; zit. nach: a.a.O., S. 207.

Schließung unserer Hochschulen. Es gilt den Kampf jedes einzelnen von uns um unsere Zukunft, unsere Freiheit und Ehre in einem seiner sittlichen Verantwortung bewussten Staatswesen.«[77]

Darum war es nur konsequent, dass Sophie Scholl auf die Rückseite des Anschreibens zur Anklageschrift des Oberreichsanwalts beim Volksgerichtshof »zweimal groß und deutlich den Schlüsselbegriff ›Freiheit‹ als unverbrüchliches persönliches Bekenntnis« schrieb.[78] »›Freiheit‹ hatte Hans Scholl nächtlich in Farbe an den Eingang der Universität gemalt. Sophie Scholl hatte es am nächsten Morgen noch gesehen. Und das erste ›Flugblatt der Weißen Rose‹, das sie natürlich noch im Gedächtnis hat, endet mit dem Goethe-Zitat: ›Und das schöne Wort der Freiheit / Wird gelispelt und gestammelt, / ... Freiheit! Freiheit! Freiheit!‹«[79] Nach Sophie Scholls Hinrichtung am 22. Februar 1943 rief ihr Bruder Hans, bevor auch ihn das Fallbeil traf, noch mit lauter Stimme: »Es lebe die Freiheit!«[80]

Darin kann uns Sophie Scholl Vorbild sein, »Verantwortung zu übernehmen und mit dem Einsatz des Lebens für die Freiheit des Geistes zu kämpfen«.[81] Inwiefern Sophie Scholl und die Weiße Rose in Ost und West vorbildhaft gewirkt haben, darauf sei anhand zweier Beispiele noch kurz eingegangen.

Da ist zum einen Hildegard Hamm-Brücher, die während des Zweiten Weltkriegs zum weiteren Freundeskreis der Weißen Rose gehörte.[82] Deren Vermächtnis fühlte sie sich zeitlebens verpflichtet: »Verantwortung mitzutragen für eine menschenwürdige, staatliche und gesellschaftliche Ordnung, das eigene Gewissen zu schärfen und gegen Unrecht und Unmenschlichkeit aufzubegehren - selbst um den Preis der persönlichen Freiheit, ja des Le-

---

77 VI. Flugblatt der Weißen Rose; zit. nach: B. BEUYS, Sophie Scholl. Biografie (s. Anm. 67), S. 417.

78 OLAF MÜCKAIN, in: Hier stehe ich (s. Anm. 75), S. 206.

79 B. BEUYS, Sophie Scholl. Biografie (s. Anm. 67), S. 458.

80 Zit. nach: M. GOTTSCHALK, Wie schwer ein Menschenleben wiegt (s. Anm. 68), S. 300.

81 A.a.O., S. 305.

82 Vgl. HILDEGARD HAMM-BRÜCHER, In guter Verfassung? Nachdenken über die Demokratie in Deutschland, München 2006, S. 169.

bens!«[83] Nicht zuletzt deswegen stimmte sie nach schwerer Gewissensprüfung bei dem konstruktiven Misstrauensvotum gegen Helmut Schmidt am 1. Oktober 1982 im Widerspruch zur Entscheidung ihrer eigenen Partei ab. Für Hildegard Hamm-Brücher handelte es sich dabei um eine Frage »persönlicher und politischer Verantwortung, [der] Zuverlässigkeit [und der] Glaubwürdigkeit«, wie sie es in ihrer Erklärung vor dem Deutschen Bundestag zum Ausdruck brachte.[84]

Zum anderen ist an Thomas Ammer und den Eisenberger Kreis zu erinnern. Thomas Ammer und seine Freunde innerhalb der »Jungen Gemeinde« in Eisenberg, einer zwischen Gera und Jena gelegenen Kleinstadt, gründeten 1954 nach der gefälschten Wahl zur zweiten Volkskammer in der DDR einen Schüler-Widerstandskreis nach dem Vorbild der Weißen Rose. »Sie verfassten Flugblätter und klebten Plakate. Nachts gingen sie mit Eimern weißer Farbe los und schrieben ›Nieder mit der SED‹ und ›Wir fordern Freiheit‹ an Wände und Güterwagen, beseitigten Symbole der SED und setzten sich, in enger Anlehnung an die Formulierungen der Flugblätter der Weißen Rose, für Versammlungs- und Pressefreiheit, für freie Wahlen, Rechtsstaatlichkeit und Demokratie und ein vereintes Deutschland ein.«[85] Auch nach seinem Abitur 1955 führte Thomas Ammer mit seinen Freunden die Widerstandstätigkeit fort, wobei dem Eisenberger Kreis Schüler, Studenten, Lehrlinge und junge Arbeiter angehörten. Aufgrund eines Spitzels flog der Kreis jedoch 1958 auf, was die Inhaftierung von 25 Mitgliedern zur Folge hatte. Thomas Ammer erhielt mit 15 Jahren Zuchthaus die höchste Strafe; erst 1964 konnte er von der Bundesrepublik freigekauft werden.

6. Martin Luther King – Vorbild für Gewaltlosigkeit

Auf den ersten Blick mag es überraschen, wenn ich aus einer liberalen protestantischen Perspektive mit Martin Luther King einen baptistischen Pfarrer als Vorbild präsentiere. Jedoch wenn wir seinen Weg zur Gewaltlosigkeit bedenken, wird uns rasch klar, dass die Auseinandersetzung mit der libera-

---

83 Hildegard Hamm-Brücher, Gegen Unfreiheit in der demokratischen Gesellschaft. Aufsätze · Debatten · Kontroversen, München 1968, S. 319.

84 Siehe Katharina Kunter, Politikerinnen und das Freie Mandat, in: Hier stehe ich (s. Anm. 75), S. (232-245) 234. 239.

85 Katharina Kunter, Thomas Ammer und der Eisenberger Kreis, in: Hier stehe ich (s. Anm. 75), S. (222-230) 223.

len Theologie bei ihm bleibende Spuren hinterlassen hat. So bekannte Martin Luther King: »Der Liberalismus gewährte mir eine geistige Befriedigung, die ich in der strengen Wortgläubigkeit niemals gefunden hatte.«[86] An der liberalen Theologie schätzte King die »aufrichtige Suche nach Wahrheit«, die »Forderung nach einem offenen und prüfenden Geist« und »die Weigerung, das Licht der Vernunft auszulöschen«.[87] Und gegenüber einem theologischen Fundamentalismus betonte King: »Der Beitrag des Liberalismus zur philologisch-historischen Bibelkritik ist von unermeßlichem Wert gewesen und sollte mit religiöser und wissenschaftlicher Leidenschaft verteidigt werden.«[88]

Kritik übte King an der liberalen Theologie insofern, als er ihr zum Vorwurf machte, dass ihr Menschenbild zu optimistisch sei.[89] Bedeutsam war für ihn die Lektüre von Schriften Reinhold Niebuhrs, wenn er bemerkt: »Während ich noch an das Gute im Menschen glaubte, zeigte mir Niebuhr auch dessen Potenzial für das Böse. Außerdem half er mir, die Komplexität zu erkennen, mit der der Mensch in die blendende Existenz des kollektiven Bösen verwickelt ist.«[90] Offensichtlich kannte King Ulrich Neuenschwanders Programmschrift »Die neue liberale Theologie« nicht.[91] Sonst hätte er bemerken können, dass er sich hier durchaus im Einklang mit diesem Neuansatz liberaler Theologie befand.

Nachdem King bereits als junger Mensch ein Gefühl für die Ungerechtigkeit der Rassentrennung in den USA entwickelt hatte, wurde für ihn die Lektüre von Walter Rauschenbuschs Buch »Das Christentum und die soziale

---

86 MARTIN LUTHER KING, Der Weg zur Gewaltlosigkeit, in: ders., Ein Traum lebt weiter. Ausgewählt u. eingeleitet von Susanne Schaup, Freiburg i.Br. 1986, S. (143-155) 143.

87 A.a.O., S. 143 f.

88 A.a.O., S. 144.

89 Vgl. a.a.O., S. 144-146.

90 Zit. nach: CLAYBORNE CARSON (Hg.), The Autobiography of Martin Luther King, Jr., London 2000, S. 27: »While I still believed in man's potential for good, Niebuhr made me realize his potential for evil as well. Moreover, Niebuhr helped me to recognize the complexity of man's social involvement and the glaring reality of collective evil."

91 ULRICH NEUENSCHWANDER, Die neue liberale Theologie. Eine Standortbestimmung, Bern 1953; mit einem Geleitwort von Werner Zager wieder nachgedruckt in der Reihe: Theologische Studien-Texte (ThST 21), Kamen 2011.

Krise«[92] Anfang der 1950er-Jahre von grundlegender Bedeutung. Was ihn überzeugte, war der ganzheitliche Ansatz, dass das Evangelium nicht nur die Seele, sondern auch den Leib angeht.[93] Originalton Martin Luther King: »Eine Religion, die sich nur um die Seelen der Menschen kümmert, aber nicht an die Slums denkt, in denen diese Seelen gefangen sind, an die wirtschaftlichen Bedingungen, durch die die Seelen beengt werden, an die gesellschaftlichen Verhältnisse, die die Seelen verkümmern lassen, ist eine geistlich tote Religion.«[94] Der baptistische Theologe Rauschenbusch hatte seinerzeit großen Wert darauf gelegt, dass aus der Reich-Gottes-Botschaft Jesu die sozialen Konsequenzen gezogen werden, womit er ein Hauptvertreter der Social Gospel-Bewegung wurde. Hinsichtlich des liberalen Protestantismus sei noch festgehalten, dass Rauschenbusch einer der Hauptredner beim 5. Weltkongress für Freies Christentum und Religiösen Fortschritt 1910 in Berlin war.

Schien für King anfangs die von Jesus gebotene Feindesliebe nur geeignet zu sein, Konflikte zwischen einzelnen Menschen zu lösen, änderte sich seine Haltung, als er sich mit Leben und Lehre Mahatma Gandhis bekannt machte. Zwar war dies zunächst nur eine theoretische Einsicht bei King, was sich aber änderte, als er nach einem Jahr Pfarrdienst in seiner neuen Gemeinde in Montgomery im Busstreik der schwarzen Bevölkerung die ihm angetragene Sprecherrolle übernahm.[95] Dazu Kings Kommentar:

»Als ich diese Verantwortung auf mich nahm, wurden meine Gedanken bewußt oder unbewußt zur Bergpredigt und zur Gandhischen Lehre der Gewaltlosigkeit zurückgeführt. Dieses Prinzip wurde das wegweisende Licht unserer Bewegung. Christus gab uns den Geist und die Motivation, Gandhi die Methode.«[96]

Dabei war sich King durchaus bewusst, dass Gewaltlosigkeit kein Selbstläufer ist und ihr Widerstand entgegengesetzt wird.[97] »Aber die Gewaltlosigkeit« – und das war Kings ermutigende Erfahrung – »bewirkt etwas im Herzen derer, die sich ihr verschreiben. Sie gibt ihnen eine neue Selbst-

---

92 Walter Rauschenbusch, Christianity and the social crisis, New York 1907.

93 Vgl. M. L. King, Der Weg zur Gewaltlosigkeit (s. Anm. 86), S. 148.

94 A.a.O., S. 148 f.

95 Vgl. a.a.O., S. 149 f.

96 A.a.O., S. 150.

97 Vgl. a.a.O., S. 151.

achtung. Sie legt bisher ungeahnte Quellen der Kraft und des Mutes frei. Und endlich rührt sie auch das Gewissen des Gegners so sehr an, daß die Aussöhnung zur Wirklichkeit wird.«[98]

Mit seinem gewaltlosen Einsatz für die Schwarzen ging eine schonungslose Kritik der gesellschaftlichen Verhältnisse in den USA einher, wobei King die verhängnisvollen Wechselbeziehungen von Vietnamkrieg, Armut und Rassismus herausstellte und tiefgreifende Änderungen anmahnte:

»Unter diesen schwierigen Umständen ist die Revolution der Schwarzen mehr als ein Kampf um Rechte für die Neger. Sie zwingt Amerika, sich all seinen zusammenhängenden Fehlern zu stellen: dem Rassismus, der Armut, dem Militarismus und dem Materialismus. Sie stellt Mißstände bloß, die in der Struktur unserer Gesellschaft tief verwurzelt sind. Sie offenbart systembedingte, nicht gerade oberflächliche Fehler und legt die Einsicht nahe, daß eine radikale Reorganisation der Gesellschaft die entscheidende vor uns liegende Aufgabe ist.«[99]

Angesichts des »verhärteten weißen Widerstand[s]« und der »erhöhten schwarzen Ungeduld«, die er als berechtigt ansah, forderte King, dass der gewaltlose Protest auf eine neue Stufe überführt werden müsse - und zwar die des »zivile[n] Ungehorsam[s] auf Massenbasis«.[100] Das änderte aber nichts daran, dass er auch weiterhin auf Liebe und Gerechtigkeit vertraute und Hass und Gewalt entgegentrat.[101]

Was mich an Martin Luther King beeindruckt, ist seine Bereitschaft, Leiden auf sich zu nehmen, sein eigenes Leben nicht zu schonen, auch wenn es zum Äußersten kommt. Diese Haltung spricht aus seinen folgenden Worten:

»Wegen meiner Teilnahme am Freiheitskampf meines Volkes habe ich in den letzten Jahren nur wenige ruhige Tage erlebt. Zwölfmal habe ich in den Gefängnissen von Alabama und Georgia gesessen. Mein Haus ist zweimal mit Bomben beworfen worden. Ich war das Opfer eines fast tödlich verlaufenen Attentats, von den fast täglichen Morddrohungen ganz zu schwei-

---

[98] Ebd.

[99] Martin Luther King, Ein Testament der Hoffnung, in: ders., Testament der Hoffnung. Letzte Reden, Aufsätze und Predigten, eingel. u. übers. v. Heinrich W. Grosse (GTBS 79), Gütersloh 1974, S. (19-40) 22.

[100] Siehe Martin Luther King, Ein neuer Richtungssinn, in: ders., Testament der Hoffnung (s. Anm. 99), S. (41-62) 48 f.

[101] Vgl. a.a.O., S. 59.

gen. Ich bin also wirklich von den Stürmen der Verfolgung geschüttelt worden. Bisweilen hatte ich das Gefühl, diese Belastungen nicht mehr länger ertragen zu können. Dann war ich versucht, mich in ein ruhigeres und sorgenfreieres Leben zurückzuziehen. Aber jedesmal, wenn eine solche Versuchung auftauchte, geschah etwas, das meine Entschlossenheit stärkte. Jetzt habe ich begriffen, daß die Bürden des Herrn leicht sind, wenn wir sie willig auf uns nehmen.«[102]

Wegen seiner ablehnenden Position gegenüber dem Vietnamkrieg widerfuhr ihm ab 1966 immer stärkere Anfeindung. Am 4. April 1968 wurde Martin Luther King in Memphis, Tennessee von dem mehrfach vorbestraften Rassisten James Earl Ray erschossen.

Was an Martin Luther King fasziniert, ist das unbeirrte Festhalten an dem Traum von Gerechtigkeit und Brüderlichkeit oder besser: Geschwisterlichkeit, wie er ihn in seiner Ansprache im Rahmen des »Marsches nach Washington« am 28. August 1963 vor dem Lincoln Memorial zum Ausdruck gebracht hat:

»Heute sage ich euch, meine Freunde, trotz der Schwierigkeiten von heute und morgen habe ich einen Traum. Es ist ein Traum, der tief verwurzelt ist im amerikanischen Traum. Ich habe einen Traum, daß eines Tages diese Nation sich erheben wird und der wahren Bedeutung ihres Credos gemäß leben wird: ›Wir halten diese Wahrheit für selbstverständlich: daß alle Menschen gleich erschaffen sind.‹ Ich habe einen Traum, daß eines Tages auf den roten Hügeln von Georgia die Söhne früherer Sklaven und die Söhne früherer Sklavenhalter miteinander am Tisch der Brüderlichkeit sitzen können. Ich habe einen Traum, daß sich eines Tages selbst der Staat Mississippi, ein Staat, der in der Hitze der Ungerechtigkeit und Unterdrückung verschmachtet, in eine Oase der Freiheit und Gerechtigkeit verwandelt.«[103]

Und indem King die Heilsbotschaft Deuterojesajas vom Offenbarwerden der Herrlichkeit des Herrn aufruft, stellt er seinen Traum in einen endzeitlichen Hoffnungszusammenhang, wenn er weiter sagt:

»Mit diesem Glauben werde ich fähig sein, aus dem Berg der Verzweiflung einen Stein der Hoffnung zu hauen. Mit diesem Glauben werden wir fähig sein, die schrillen Mißklänge in unserer Nation in eine wunderbare

---

102 Vgl. M. L. KING, Der Weg zur Gewaltlosigkeit (s. Anm. 86), S. 152 f.

103 MARTIN LUTHER KING, Ich habe einen Traum, in: ders., Mein Traum vom Ende des Hassens. Texte für heute, hg. v. Hans-Eckehard Bahr u. Heinrich Grosse, Freiburg i.Br. / Basel / Wien 1994, S. (85-90) 88.

Symphonie der Brüderlichkeit zu verwandeln. Mit diesem Glauben werden wir fähig sein, zusammen zu arbeiten, zusammen zu beten, zusammen zu kämpfen, zusammen ins Gefängnis zu gehen, zusammen für die Freiheit aufzustehen, in dem Wissen, daß wir eines Tages frei sein werden.«[104]

Schließlich erkannte King »die Notwendigkeit der Gewaltlosigkeit auch in den internationalen Beziehungen«. Hatte er bisher Krieg auch als »notwendiges Übel« beurteilt, um »Ausdehnung und Wachstum einer bösen Macht« zu verhindern, gelangte er später zu der Auffassung, »daß die potentielle Zerstörungskraft moderner Waffen auch die Möglichkeit eines Krieges als notwendiges Übel ausschließt«.[105] Es sei einmal dahingestellt, ob King einem Land wie der Ukraine, das von einem brutalen Aggressor wie der russischen Armee mit einem durch nichts zu rechtfertigenden Krieg überzogen wird, das Recht bestritten hätte, sich mit Waffengewalt zur Wehr zu setzen.

7. Resümee

Lassen Sie mich den Ertrag der vorausgegangenen Überlegungen in sechs Punkten zusammenfassen:

1. Wie man beim Lernen und bei der ethischen Orientierung schwerlich auf Vorbilder verzichten kann, braucht auch der christliche Glaube Vorbilder. Dies trifft bereits für die frühen Christen zu, und dies ist bis heute so geblieben. Wie im Laufe der Jahrhunderte immer wieder neue Vorbilder hinzugekommen sind, so hatte sicher auch jede Zeit ihre speziellen Vorbilder.

2. Für ein Vorbild ist nach neutestamentlichem Zeugnis die Bereitschaft konstitutiv, in der Nachfolge Christi auch Leiden auf sich zu nehmen. Insbesondere für die christlichen Amtsträger ist die Übereinstimmung von Wort und Verhalten von großer Bedeutung. Auch können Christus als Vorbild für Demut und sogar Gott selbst als Vorbild für Feindesliebe fungieren.

3. Zwar lehnten die Reformatoren Heilige als Mittler zwischen den Menschen und Gott ab, aber die Erinnerung an Glaubensvorbilder hielt man durchaus wach. Daran hat sich innerhalb der evangelischen Kirche auch in neuerer Zeit - sieht man einmal von Ausnahmen ab - im Wesentlichen nichts geändert.

4. Psychologisch betrachtet, ist es nicht eine bestimmte Person als solche, die uns zum Vorbild wird, sondern das von ihr in uns hervorgerufene Bild. Mit diesem steht wiederum in enger Verbindung die Ausbildung eines

---

[104] A.a.O., S. 89.

[105] Siehe M. L. King, Der Weg zur Gewaltlosigkeit (s. Anm. 86), S. 151 f.

Lebensideals, was nicht nur Sache von Heranwachsenden ist, sondern eine lebenslange Aufgabe darstellt.

5. Für einen liberalen Protestantismus eignen sich als Vorbilder nicht zuletzt Albert Schweitzer, Dietrich Bonhoeffer, Sophie Scholl und Martin Luther King - und zwar in folgender Hinsicht:

Albert Schweitzer verzichtete auf eine wissenschaftliche und kirchliche Karriere zugunsten eines unmittelbaren menschlichen Dienens, was er als Nachfolge Jesu verstand. Im Wollen des Reiches Gottes wusste er sich eins mit Jesus, wenn er es auch nicht mehr von einem Eingreifen Gottes in die Geschichte erhoffen konnte, sondern es als Ziel ethischen Handelns begriff.

Dietrich Bonhoeffer wusste sich der Wahrheit des Evangeliums verpflichtet, die mit der Freiheit des Glaubens unlöslich verbunden ist. Darum übernahm er Verantwortung, indem er sich dem politischen Widerstand gegen den Nationalsozialismus anschloss.

An Sophie Scholl fasziniert, dass sie, die sich in jugendlicher Opposition zu ihren Eltern zuerst der Hitlerjugend angeschlossen hatte, dann durch eigene Erfahrungen und eigenes Denken zur mutigen Widerstandskämpferin für die Freiheit des Geistes heranreifte.

Wie Schweitzer, Bonhoeffer und Scholl war auch Martin Luther King bereit, sein Leben hinzugeben, wenn es nun für ihn darum ging, gewaltlos für Gerechtigkeit, Freiheit und Brüderlichkeit zu kämpfen, für die Verwirklichung des Traums von Gottes Reich auf Erden.

6. Vorbild im Sinne gerade eines liberalen Christentums vermag nur zu sein, wer sein Christsein glaubwürdig lebt, indem er oder sie für das einsteht und mit Herz und Verstand vertritt, was er oder sie glaubt und wovon er oder sie überzeugt ist. Im Konfliktfall kann dies bedeuten, dass glaubwürdiges Christsein die Bereitschaft zum Martyrium mit einschließt.

Michael Großmann

Wie kann menschliches Miteinander gelingen? (I)

Philosophie für den Lebensalltag

1. Vorbemerkungen

Das Sprechen über menschliches Miteinander ist mit auffällig vielen Metaphern aus der Sphäre der Musik durchsetzt: Wir streben nach *Harmonie*, nach einem Leben *im Einklang* mit unserer Umgebung. Während sich mancher in der Durchsetzung seiner Interessen als Person *der leisen Töne* zeigt, erweist sich andererseits das überraschend *taktlose* Verhalten einzelner Menschen als *ein Paukenschlag*. Dann wird es Zeit, diesen *die Flötentöne beizubringen*. Und so weiter, und so weiter – sicher werden jedem, der über diese Verknüpfung nachdenkt, noch ergänzende Beispiele einfallen.

Es ist sicher kein Zufall, dass sich Musik und Moral so nahe kommen. Unserer abendländischen Kultur wurde diese Beziehung geradezu – um im Bilde zu bleiben – als Wiegenlied gesungen. Gehen wir zweieinhalb Jahrtausende zurück zu den Anfängen der griechischen Philosophie: Eine der zu jener Zeit einflussreichsten Schulen war die der Pythagoreer, der Anhänger des Pythagoras. Dort wurde folgendes Weltbild entwickelt: Unsere Erde ist der Mittelpunkt konzentrischer, unsichtbarer Kugeln – der Sphären. An diesen Sphären sind die Planeten sowie Sonne und Mond befestigt. Diese Himmelskörper laufen also entlang einer kreisförmigen Bahn. Entsprechend der Maßverhältnisse ihrer Abstände und Geschwindigkeiten lassen sie eine Musik erklingen, die für uns Menschen leider nicht hörbar ist. Allerdings spiegeln sich diese Maßverhältnisse in unseren Tonleitern: Unterteilen wir eine klingende Saite nach bestimmten Relationen – etwa 2:3, 3:4 usw. – entstehen daraus Quinten, Quarten und all die anderen Teiltöne. Ihnen ist gemeinsam, dass sie jeweils als Bruch bzw. Verhältnis zweier ganzer Zahlen dargestellt werden können. Derartige Zahlen nennt die Mathematik »rational«. Und die Griechen waren die Ersten, die Mathematik nicht nur aus praktischem, sondern aus genuin philosophischem Interesse heraus betrieben. Sie erkannten die fundamentale Bedeutung dieser Disziplin für die Welterkenntnis - und so fügen sich kosmologische, musiktheoretische und philosophische Betrachtungen zu einem Ganzen: Wir Menschen sind eingebettet in einen universalen Zusammenhang, bei dem das Große im Kleinen, das Himmlische im Irdischen widerhallt. Diese Überzeugung, in einen großen Zusammenhang eingebettet zu sein, wirkte sich auch auf die Ethik der Pythagoreer aus: Wir Menschen bewegen uns in einem universellen Klangraum, den wir nicht durch Misstöne stören dürfen.

Allerdings - so schön der Gedanke einer Sphärenharmonie auch ist, so rasch wurde deutlich, dass er nicht tragfähig sein konnte: Die Astronomie widerlegte die Theorie kreisförmiger Bahnen und die Mathematik machte deutlich, dass wir es nicht nur mit rationalen Zahlen zu tun haben. Es genügt, sich die Diagonale vorzustellen, die ein Quadrat in zwei rechtwinklige Dreiecke teilt. Sie hat - nehmen wir an, die Kantenlänge des Quadrats sei 1 - die Länge $\sqrt{2}$. Das ergibt sich tragischerweise aus dem Satz, der nach Pythagoras benannt ist. Die Länge der Diagonale kann nur als sogenannte »irrationale Zahl« dargestellt werden.

Auch wenn wir uns hüten müssen, mathematische und philosophische Begriffe in einen Topf zu werfen, so scheint sich doch das Ende harmonischer Verhältnisse bei Zahlen und Tönen im menschlichen Miteinander widerzuspiegeln. Ein Beispiel: Wer unserem Kulturkreis angehört und nicht gerade ein Kenner chinesischer Musik ist, wird wohl eher wenig Genuss verspüren, wenn er eine Peking-Oper zu hören bekommt. Eine Fuge von Bach kommt unserem Geschmack im Regelfall eher entgegen. Allerdings können wir davon ausgehen, dass ein Chinese, der seine Kultur mit der Muttermilch aufgesogen hat, ähnliche Empfindungen in umgekehrter Richtung haben wird. Aber auch *innerhalb* eines Kulturkreises divergieren je nach Milieu und Lebensalter die Ansichten beträchtlich, was als Musik und was als Lärm bezeichnet wird. Hier - wie auch in der Malerei, der Mode und auf vielen weiteren Feldern - gilt der Grundsatz: *De gustibus non est disputandum* - Über Geschmack lässt sich nicht streiten. Es scheint kein rationales Kriterium zu geben, das es uns erlaubt, in Fragen des Stils und der sonstigen Vorlieben über »gut« und »schlecht« zu entscheiden.

Wer die aktuellen Kontroversen und Diskussionen auf dem Felde der Moral verfolgt, kann durchaus zu dem Schluss kommen, dieses Prinzip sei von der Ästhetik zur Ethik übergesprungen. Und tatsächlich: Bei der Suche nach einem »Leben in Einklang« mit anderen scheinen uns zwei Alternativen eröffnet zu werden, die wir auch im Umgang mit Kulturgütern wie dem eben gehörten besitzen: Einerseits wird nicht selten die Meinung geäußert, man müsse auch in Fragen des richtigen und falschen Handelns jeder Kultur oder auch jedem Einzelnen seinen eigenen Weg und seine individuelle Wahrheit zugestehen. Was geboten, erlaubt oder verboten sei, könne immer nur abhängig vom jeweiligen Standpunkt eines Beurteilers festgelegt werden. Diese Haltung wird *Relativismus* genannt. Attraktiv wirkt sie insofern, als sie eine Kultur der Toleranz, eine Einstellung des »Lebens und Leben-Lassens« zu befördern scheint. Andererseits könnte man auch von der absoluten Überlegenheit des eigenen Standpunktes überzeugt sein. So, wie einem eingefleischten Kulturbanausen alle fremden Klänge nur als Lärm erscheinen, könnte auch ein moralischer Absolutismus – wenn man ihn so nennen mag – keine anderen Normen als die selbst gesetzten gelten lassen.

Im Folgenden wird allerdings zweierlei zu zeigen versucht:

erstens, dass weder die Relativierung noch eine unreflektierte Verabsolutierung als Basis eines gelingenden Miteinanders dienen können. Um es vorwegzunehmen: In diesem Text wird die feste Überzeugung vertreten, dass es einen unbedingten Maßstab für unser Handeln gibt. Das bedeutet aber nicht, dass wir an ein Normensystem gefesselt sind, das alles bis ins Kleinste regelt. Dennoch ist der Weg, den wir gehen sollen, weitgehend vorgezeichnet.

Zweitens skizzieren wir eine Antwort auf die Frage, warum unser Zusammenleben eigentlich so oft nicht *ge*lingt, sondern *miss*lingt. In diesem Zusammenhang sei kurz auf einige Fallstricke und Hindernisse hingewiesen, die unseren Weg so beschwerlich machen. Mit seinen berühmten Worten im *Römerbrief* drückt Paulus eine Erfahrung aus, die wir Menschen allzu oft machen: »Denn ich tue nicht das Gute, das ich will, sondern das Böse, das ich nicht will, das vollbringe ich.« (Röm 7,19) Warum ist es so wichtig, sich mit diesem Thema zu befassen? Ganz einfach: Die vielen hehren Absichten können in Manifesten, öffentlichen Erklärungen, politischen Willensbekundungen mit noch so blumigen Worten formuliert werden. Sie bleiben wirkungslos, wenn wir nicht einen Blick auf die menschliche Natur werfen, die ihre Umsetzung in praktisches Handeln leider in den meisten Fällen verhindert.

Eine letzte Vorbemerkung, bevor wir mit der eigentlichen Arbeit beginnen: Derzeit lässt sich nicht über die Gestaltung des menschlichen Miteinanders sprechen, ohne die immer lauter werdenden Stimmen derer wahrzunehmen, die dieses Themas überdrüssig sind. In der Tat gibt es viele, die in den gängigen Debatten nur noch einen »Moralismus« erkennen und dementsprechend genug von derartigen Diskussionen haben. Diese Kritik tritt gegenwärtig in mehreren Erscheinungsformen auf: so z.B. kultur- und sozialpolitisch als Widerstand gegen die sogenannte »Cancel-Culture« und als

Ablehnung ethischer Argumentation auf dem Feld der Staats- bzw. Außenpolitik.[1]

Die jeweiligen Spielarten scheinen eines gemeinsam zu haben: den Widerwillen gegen Heuchelei und Selbstgerechtigkeit derjenigen, die als Moral-Instanzen auftreten.

Dieser Abscheu ist sicher mehr als nachvollziehbar: Es gibt kaum etwas Abstoßenderes als Menschen, die Wasser predigen und Wein trinken, bzw. Menschen, die zwar Wasser trinken, dies aber zum entscheidenden Kriterium für ein richtiges Leben erklären. Aber: Aus der Tatsache, dass es Heuchler gibt, die nach außen vorgeben, einer bestimmten moralischen Vorgabe zu folgen, folgt natürlich keineswegs, dass diese Vorgabe keine Geltung besitzt. Im Gegenteil: Wer sich verstellt, bestätigt dadurch ja gerade deren Bedeutung. Niemand drückt diesen Sachverhalt treffender als François de La Rochefoucauld aus: »Die Heuchelei ist eine Huldigung des Lasters an die Tugend.«[2] Kritik am Moralismus mag in Teilen nachvollziehbar sein - sie hat aber kein Recht, den ethischen Diskurs zu verhindern.

---

1 Siehe z.B. NORBERT BOLZ, Keine Macht der Moral! Politik jenseits von Gut und Böse, Berlin 2021. BOLZ' Position kann in Kürze so zusammengefasst werden: Mit der beginnenden Neuzeit kam es zu einer funktionalen Ausdifferenzierung der gesellschaftlichen Systeme – und damit einhergehend zu einer Emanzipation der Politik von der Moral (siehe z.B. die Theorien von Machiavelli und Hobbes). In der Gegenwart erstarkt jedoch wieder die bereits aus dem Urchristentum bekannte »antipolitische Politik des Liebesakosmismus«. Dieser Liebesakosmismus »orchestriert [...] seinen Kampf gegen die Staatsraison mit dem Universalismus der Menschenrechte, mit Nächstenliebe als Fernstenliebe und dem Traum von der *One World*, dem Weltstaat, der kein Außen mehr kennt« (a.a.O., S. 12; Hervorhebung im Original). Seine Diagnose: »Die Geschichte der Bundesrepublik war bis zur Jahrtausendwende durch einen verantwortungsbewussten Reformismus geprägt. Davon kann heute nicht mehr die Rede sein. Nicht nur die Protestbewegungen, sondern auch öffentlich-rechtliche Medien und Gesinnungspolitiker wollen den gordischen Knoten gesellschaftlicher Komplexität mit Moral durchhauen. So kollabiert die Differenz zwischen Politik und Moral im politischen Moralismus von heute. Das ist der Grund für den Niedergang der Debattenkultur und die Ohnmacht der Argumente. Denn das Moralisieren macht jede Verständigung unmöglich.« (a.a.O., S. 15 f.)

2 FRANÇOIS DE LA ROCHEFOUCAULD, Maximen und Reflexionen, Stuttgart 1995, S. 33.

2. Argumente gegen den Relativismus

Wenden wir uns nun aber der Kritik des Relativismus[3] zu: Relativistische Positionen werden oft mit der Beobachtung begründet, dass verschiedene Kulturen bzw. gesellschaftliche Gruppen ihre jeweils eigenen moralischen Vorschriften besitzen, welche ja wohl so schlecht nicht sein könnten. Es sei also überheblich, fremdartige Denk- und Handlungsweisen als minderwertig zu betrachten. Von Michel de Montaigne z.B. stammt der Befund, dass »jeder das Barbarei nennt, was bei ihm ungebräuchlich ist - wie wir ja in der Tat offensichtlich keine andere Meßlatte für Wahrheit und Vernunft kennen als das Beispiel und Vorbild der Meinungen und Gepflogenheiten des Landes, in dem wir leben: Stets findet sich hier die perfekte Religion, die perfekte Staatsordnung, der perfekteste Gebrauch aller Dinge«.[4]

Ist nun aber angesichts der Verschiedenheit von Normen deren Relativierung der Königsweg? Keinesfalls. Denn aus dem Befund, dass es unterschiedliche Vorschriften gibt, kann nicht abgeleitet werden, dass diese auch alle gerechtfertigt sind. Wer das nicht zur Kenntnis nimmt, begeht einen sogenannten *naturalistischen Fehlschluss* - also einen Schluss vom Sein auf das Sollen. Auch der Hinweis darauf, dass eine Handlungsnorm zu einer bestimmten Zeit an einem bestimmten Ort entstanden ist und daher nur über einen eng begrenzten Radius verfügen könne, hilft uns nicht weiter. Denn dabei handelt es sich um einen *genetischen Fehlschluss*: Hier wird fälschlich die Geltung einer Norm von den Umständen ihrer Entstehung abhängig gemacht. So hat z.B. unser abendländischer, von der Aufklärung geprägter Kulturkreis nicht nur die Ideen zu Gewaltenteilung und Menschenrechten hervorgebracht, sondern auch jede Menge Fortschritte in der naturwissenschaftlichen Forschung. Würde etwa jemand ernsthaft behaupten, die Relativitätstheorie habe allein für Europäer Gültigkeit, nur weil sie in Europa entwickelt wurde?

---

3 Der Relativismus tritt in vielen Varianten auf: erkenntnistheoretisch, ontologisch usw. – und eben auch ethisch bzw. moralisch. Um die letztgenannte Spielart geht es, wenn wir im Folgenden von »Relativismus« reden. Was die Unterscheidung zwischen »Ethik« und »Moral« angeht, richten wir uns nach der gängigen Verwendungsweise: Unter »Moral« sei die Gesamtheit von sittlichen Normen und Werten verstanden. Als »Ethik« bezeichnen wir die Theorie der Moral.

4 Michel de Montaigne, Essais, übers. v. Hans Stilett, hg. v. Hans Magnus Enzensberger, Frankfurt a.M. [8]2011, S. 111.

Bei allen geschichtlichen und geographischen Unterschieden gibt es übrigens auch Handlungen, die in *jeder* Kultur verabscheut wurden und werden - etwa das sadistische Quälen von Kleinkindern. Aber das ist zugegebenermaßen nur ein Denkanstoß. Käme er als Argument daher, wäre er auch nur ein weiterer naturalistischer Fehlschluss. Dennoch enthält diese Überlegung einen wichtigen Gedanken: Sehen wir nicht - wenn wir ehrlich sind -, was wirklich gut und was wirklich böse ist? Gibt es nicht so etwas wie ein intuitives Erkennen dessen, wozu wir verpflichtet sind?

Der Philosoph Markus Gabriel lädt uns angesichts dieser Frage zu einem Gedankenexperiment ein, das er »Jüngstes Gericht« nennt:[5] Stellen Sie sich vor, Sie stehen nach Ihrem Ableben Gott gegenüber. Dieser rechnet Ihnen Ihre Sünden und Verdienste vor. Vor Ihrem ohnehin nur mehr geistigen Auge tauchen all die Verfehlungen auf, die Sie begangen haben und deren Auflistung Sie nun erwarten: unterlassene Hilfeleistung vielleicht oder ein schwerwiegender Vertrauensbruch, ein Diebstahl oder gar eine massive Körperverletzung. Doch nein: Gott findet all das überhaupt nicht schlimm. Stattdessen ist er erzürnt darüber, dass Sie Spaghetti stets mit dem Messer zerschnitten und statt Bier lieber Apfelsaft getrunken haben. Letzteres bezeichnet er als Todsünde und daher erklärt er, Sie seien der ewigen Verdammnis verfallen.

Ein solches Jüngstes Gericht käme uns völlig absurd vor. Daraus folgert Gabriel, dass wir sehr wohl wissen können, welche Werte gelten und wie sie zu gewichten sind. Er vertritt einen moralischen Realismus - also die Auffassung, dass Gut und Böse nicht von uns *erfunden*, sondern *entdeckt* werden. Mit seiner Position liegt er u.E. richtig. Aber zeigt sein Gedankenexperiment, was es zeigen soll? Schließlich kann es nur diejenigen überzeugen, deren moralische Maßstäbe den unseren ähnlich sind. Leider gibt es aber genug Menschen, die sehr verqueren Sichtweisen anhängen. Dass man etwa der Meinung sein kann, ins Paradies zu gelangen, wenn man unschuldige Menschen durch einen Sprengstoffanschlag tötet, dürfte sicher keiner normal denkenden Person vernünftig erscheinen - und dennoch sind in dieser Hinsicht viele unserer Zeitgenossen vom Gegenteil überzeugt. Ohne ergänzende Überlegungen läuft das Gedankenexperiment also ins Leere.

Einen dieser notwendigen Denkanstöße liefert der US-amerikanische Philosoph Paul Boghossian.[6] Er prüft, was Relativisten eigentlich meinen,

---

[5] MARKUS GABRIEL, Moralischer Fortschritt in dunklen Zeiten. Universale Werte für das 21. Jahrhundert, Berlin [4]2020, S. 165 ff.

[6] Siehe zum Folgenden die Darstellung a.a.O., S. 62 ff.

wenn sie ihre Thesen vertreten. Gehen wir zur Erläuterung seines Ansatzes von folgendem Beispiel aus: In einem Staat des Nahen Ostens wird die Strafe der Steinigung praktiziert. Ein von dieser Praxis überzeugter Bürger eben dieses Staates wird die Auffassung vertreten, die Steinigung sei erlaubt bzw. geboten. Demgegenüber sieht sie ein westlicher Beobachter als verboten an. Laut dem Relativismus müssen wir beiden Personen Recht geben: Der eine denkt so, der andere so. Allerdings muss ein Relativist die Auffassungen der beiden anders verstehen als diese selbst. Denn die zwei moralischen Antipoden sind voll überzeugt von der Richtigkeit ihrer Weltsicht – während der Relativist die Aussagen folgendermaßen interpretiert: Steinigung ist relativ zur jeweiligen Wertvorstellung erlaubt bzw. verboten. Denn als Relativist kann er ja nicht akzeptieren, dass Werte universell gelten. Er muss also leugnen, dass es einen moralischen Konflikt gibt. Stattdessen hat er konsequenterweise die Auffassung zu vertreten: »In meinem Kulturkreis ist eine Handlung moralisch verboten, die in einem anderen Kulturkreis moralisch erlaubt ist.« Wer so denkt, den können wir vor dem Hintergrund unseres Exempels fragen: »Würdest du also an einer Steinigung in einem Land teilnehmen, in dem du zufälligerweise gerade Urlaub machst?« Die Geltung moralischer Vorschriften wäre also von völlig willkürlichen und zufälligen Faktoren abhängig – z.B. vom Verlauf einer Landesgrenze.[7] Wirklich zwingend ist dieser Einwand aber auch nicht: Denn theoretisch könnte der Relativist ja entgegnen, dass wir eben mit Zufall und Willkür leben müssten.

Es gibt allerdings ein Argument gegen den Relativismus, welches die wohl größte Durchschlagskraft besitzt: Das ist die These seines Selbstwiderspruchs.[8] Die Pointe dieses Arguments besteht darin, dass es dem Relativismus den Spiegel vorhält und ihn gleichsam mit seinen eigenen Waffen schlägt. Denkbar einfach ist der Grundgedanke: Wir müssen den Relativisten nur fragen: »In welcher Weise verstehst du deine Aussage, dass Geltung nur relativ zu einem bestimmten Deutungsrahmen besteht? Ist das nun eine Aussage mit relativem oder absolutem Geltungsanspruch?« Der Relativist hat prinzipiell zwei Möglichkeiten zu antworten. Entweder gesteht er seiner eigenen Position einen absoluten Geltungsanspruch zu: Dann verstrickt er sich in einen Widerspruch zu seiner Forderung, alle Positionen als relativ zu kennzeichnen – er würde etwas behaupten, was er gleichzeitig bestreitet.

---

7 Hierin unterscheiden sich moralische Gebote eben von gesetzlichen Vorschriften, die sehr wohl dieser Willkür unterliegen.

8 Siehe die konzise Darstellung des Arguments bei BERND IRLENBORN, Relativismus, Berlin / Boston 2016, S. 99 ff., der wir hier im Wesentlichen folgen.

Oder er begreift auch die Relativismus-These relativistisch, dann aber gerät diese zu einer subjektiven Überzeugung, die keinerlei argumentative Kraft mehr besäße. Der Relativist gliche dann der mythischen Figur des Narziss, der selbstverliebt sein eigenes Spiegelbild betrachtete und darüber die Welt vergaß. Um es kurz zu machen: Dem Relativismus bleibt nur die Wahl, entweder widersprüchlich oder kraftlos zu sein.

Nun blieb dieser Versuch, das Bestehen unbedingter Geltungsansprüche zu retten, nicht ohne Gegenattacken. Bereits aus der Tatsache, dass er ein hohes Alter besitzt, wird ihm ein Strick gedreht – nach dem Motto: »Das Selbstwiderspruchsargument greift den Relativismus nun schon seit zweieinhalb Jahrtausenden an und hat es immer noch nicht geschafft, ihn zum Verschwinden zu bringen – also kann es nicht überzeugend sein!« Aber wer die Philosophiegeschichte überblickt, wird ohnehin entdecken, dass die grundlegenden Fragen und die Antworten, die auf sie folgen, im Kern dieselben bleiben.

Die vielleicht letzte Bastion, in der sich ein Relativist verschanzen kann, ist eine Art Theorie-Pragmatismus nach dem Motto: »Der Relativismus ist unabhängig von seinem Wahrheitsgehalt vorzuziehen, weil er eine Vielfalt von Lebensentwürfen zulässt, weil er Werte wie Toleranz und Pluralismus ernst nimmt – statt uns in ein Korsett enger und unverrückbarer moralischer Vorschriften zu zwängen. Er bewahrt uns vor Überheblichkeit gegenüber Lebensentwürfen, die nicht den unseren entsprechen, und übt uns somit in eine Kultur des gegenseitigen Verstehens und Voneinander-lernen-Könnens ein.« In diesem Licht betrachtet, müsste der Relativismus als Garant eines gelingenden menschlichen Miteinanders erscheinen.

Aber in dieser Rolle ist er heillos überfordert. Wenn jeder seiner eigenen Wahrheit folgen kann, muss sich niemand mehr auf die Geltungsansprüche einlassen, die der jeweils andere vertritt. Warum sollte ich die Auffassungen meiner Mitmenschen prüfen, wenn sie von vornherein nicht besser oder schlechter sein können als meine eigenen? Außerdem würden wir mit einer falsch verstandenen Toleranz nur denjenigen in die Karten spielen, die selbst ein rigides Wertesystem propagieren und jede Form von Toleranz lediglich als Schwäche begreifen können. Nicht der Relativismus, sondern allein sein Gegenteil – der Universalismus – erzeugt die Notwendigkeit, sich offen für andere Lebensentwürfe und Denkweisen zu zeigen. »Sich offen zeigen« heißt dann eben auch: eine Denkweise mit Gründen zu kritisieren, falls dies geboten sein sollte.

3. Wie könnte ein richtig verstandener Absolutismus aussehen?

Eben wurde als Gegenpol zum Relativismus der Universalismus genannt – also die Auffassung, dass moralische Werte bzw. Zielvorgaben universell gelten. Streng genommen müsste dieser Gegenpol aber als »Absolutismus« bezeichnet werden. Doch wenn wir das Wort »Absolutismus« hören, taucht das Bild des Sonnenkönigs vor uns auf. Wir denken an Zwangsherrschaft und Unterdrückung, an Überwachung und Intoleranz. Aber all das folgt gerade nicht aus der Position, dass für unser Handeln ein unverrückbarer Maßstab gilt.

Denn allein dieses »Dass« – und kein »Wie« – des Maßstabes wurde bisher argumentativ untermauert. Wenn wir noch einmal die entscheidenden Angriffsflächen des Relativismus betrachten, erkennen wir, dass wir die Wahrheit seines Gegenteils, des Absolutismus, lediglich indirekt bewiesen haben. Vorausgesetzt, dass es neben »wahr« und »falsch« keinen dritten Zustand gibt, gilt: Wenn R (wie Relativismus) falsch ist, muss Nicht-R (also der Absolutismus) wahr sein.

Absolutismus in der Ethik führt also prinzipiell keineswegs einen Vorschriftenkatalog mit sich, in dem alles – von der Etikette über die Sexualmoral bis hin zu politischem Handeln – bis ins Kleinste geregelt ist. Er darf nicht mit einem kasuistischen oder gar pedantischen Räderwerk in eins gesetzt werden. Alles, was der Absolutismus fordert, ist das Gegenteil der subjektiven Selbstbeschränkung des Relativismus – er pocht also auf Objektivität. Das aber hat durchaus inhaltliche Konsequenzen. So birgt z.B. das Pochen auf Objektivität die Idee in sich, dass die Welt prinzipiell erkennbar ist – nicht für einen isolierten Einzelnen, sondern für die gesamte Gemeinschaft von Suchenden, die einander ernst nehmen in der Diskussion darüber, welcher Weg einzuschlagen ist. Das Miteinander bedeutet gerade nicht, unverrückbar auf seiner Wahrheit zu bestehen. Vielmehr ist Wahrheit (bzw. Richtigkeit) eine regulative Idee, ein Leitstern – und nichts, was wir ganz in unserem Besitz haben.

Wir sollten also von einer erkenntnisförmigen Welt ausgehen. In einer derartigen Welt lässt sich dasjenige, was einen Wert hat, durchaus erkennen. Der US-amerikanische Philosoph Robert Nozick hat vorgeschlagen, als Kriterium für diesen Wert die »organische Einheit« festzulegen.[9] Diese betrachtet er im Spannungsfeld von »Einheit« und »Vielfalt«. So bestehen etwa in einem Gemälde unzählige Bezüge einzelner Pinselstriche zum gesamten

---

[9] Robert Nozick, Vom richtigen, guten und glücklichen Leben, München / Wien 1991, S. 180.

Werk. Ein gelungenes Bild drängt uns geradezu den Eindruck auf, dass nichts verändert werden darf, ohne die ausgewogene Wirkung des Ganzen zu stören. Umso deutlicher tritt das Prinzip bei Organismen hervor: Die Teile eines Organismus sind stets auf das Ganze bezogen - und vice versa. Mit aller Vorsicht können wir angesichts dieser Heuristik Handlungsleitlinien skizzieren, die unseren Intuitionen ohnehin entgegenkommen dürften: Grundsätzlich ist es geboten, Seiendes behutsam zu behandeln - und zwar umso behutsamer, je größer der Grad an organischer Einheit in Vielfalt ist. Einen Stein aus purer Lust zu zerschmettern, ist im Regelfall keine Sünde. Reißen wir aus demselben Grund eine Blume aus der Erde, sieht es schon anders aus. Schädigen wir einen Menschen, verletzen wir einen noch größeren Wert. Greifen wir gedankenlos in ganze Ökosysteme oder Gesellschaften ein, reicht unsere Schuld noch weiter.

Ein richtig begriffener Absolutismus lässt sich also u.E. folgendermaßen auf den Punkt bringen: Wir Menschen sind vernunftbegabte, auf Erkenntnis hin angelegte Wesen - und somit eine Gemeinschaft von Suchenden. Vor diesem Hintergrund sollten wir alles, dem wir angehören, was uns angehört und was uns nicht angehört, schon allein deshalb schonend behandeln, weil dieses ja eine Art Text darstellt, den wir zu erhalten und zu deuten haben. Menschliches Miteinander kann nur unter zwei Voraussetzungen glücken: Wenn wir akzeptieren, dass es unbedingte Maßstäbe der Wahrheit und Richtigkeit für unser Handeln gibt, und wenn jeder von uns sich eingesteht, das Wissen um die Anwendung dieser Maßstäbe nicht für sich allein gepachtet zu haben.

Diese wenigen Pinselstriche sollen hier als Skizze eines Fundaments genügen. Auf diesem kann die Ethik ganz unterschiedliche Gedankengebäude errichten - etwa in Form einer Lehre geforderter Tugenden,[10] in Anlehnung an den berühmten Kategorischen Imperativ, wie ihn Immanuel Kant in Worte fasste, als objektiv idealistische Position[11] oder einfach als

---

10 Siehe z.B. in theologischer Perspektive EBERHARD SCHOCKENHOFF, Grundlegung der Ethik. Ein theologischer Entwurf, Freiburg i.Br. 2007.

11 Siehe HANS JONAS' Opus magnum: Das Prinzip Verantwortung, Frankfurt a.M. 1979. Bündig zusammengefasst und zugleich produktiv weitergedacht durch eine Verknüpfung mit diskursethischen Momenten werden die Jonas'schen Grundüberlegungen von DIETRICH BÖHLER, Was gilt? Du bist Mitbeteiligter und Diskurspartner. – Seid mitverantwortlich!, in: ders., Was gilt? Diskurs und Zukunftsverantwortung, hg. v. Thomas Rusche, Jens Ole Beckers u. Bernadette Herrmann, Freiburg i.Br. / München 2019, S. 31-82.

Appell an den gesunden Menschenverstand. An dieser Stelle können wir uns mit all diesen Entwürfen nicht weiter beschäftigen. Stattdessen wollen wir uns wie angekündigt einer anderen Frage zuwenden: Wenn doch eigentlich der Weg klar vorgegeben ist – warum gehen wir ihn nicht? Die übergroße Mehrheit der Menschen will Gutes tun und hält sich für moralisch integer. Warum scheitern wir dann so oft?

4. Warum wir so oft scheitern

Darauf eine Antwort geben zu können, ist unerlässlich, wenn wir die Natur des Menschen besser verstehen wollen. Niemand ist schuldlos.[12] Daher beinhaltet die Frage: »Wie kann menschliches Miteinander gelingen?« fast schon zwangsläufig das Problem, warum dieses häufig misslingt.

Werfen wir einen Blick auf mögliche Ursachen des Scheiterns. Zunächst einmal ist festzuhalten, dass wohl die meisten verwerflichen Taten nicht aus der Motivation heraus begangen wurden, böse sein zu wollen. Nur ein Bruchteil der Menschen dürfte so verkorkst sein, dass er für ethische Argumente nicht mehr empfänglich ist. Stattdessen handeln viele Menschen unmoralisch in der festen Überzeugung, das Richtige zu tun. Sie sind im Extremfall nicht böse, sondern dumm. Worin besteht ihre Dummheit? In einem schwachen Verstand? An diesem Punkt sei Immanuel Kant zu Rate gezogen. Er unterscheidet zwischen dem Verstand und der Urteilskraft. Verkürzt gesprochen, sieht er folgende Beziehung zwischen den beiden: Der Verstand ist die Fähigkeit, allgemeine Regeln zu erfassen. Die Urteilskraft ist das Vermögen, diese Regeln richtig auf den je besonderen Fall anzuwenden. Vor diesem Hintergrund formuliert der wohl berühmteste Moralphilosoph in der *Kritik der reinen Vernunft*: »Der Mangel an Urtheilskraft ist eigentlich das, was man Dummheit nennt, und einem solchen Gebrechen ist gar nicht abzuhelfen.«[13]

Ein Beispiel zur Erläuterung: Am 6. Januar 2021 stürmten Horden wilder Donald-Trump-Anhänger das Kapitol in Washington. Sie taten dies anscheinend in der Überzeugung, ihrem Idol sei die US-Präsidentschaft durch Wahlbetrug entrissen worden. Der Angriff erschien ihnen als einzig verbliebener und legitimer Weg, das Recht wiederherzustellen. Man muss diesen Menschen (auch wenn es schwerfällt) keine bösen Absichten unterstellen.

---

12 Siehe Pred 7,20.

13 KrV A 134 / B 173 (Kant's gesammelte Schriften, hg. v. der Königlich Preußischen Akademie der Wissenschaften [= AA], Berlin 1900 ff.).

Auch ihr Verstand kann als durchaus normal bezeichnet werden. Sie gingen wohl von der allgemeinen Regel aus: Wenn alle anderen Mittel ausgeschöpft sind, um einen Staatsstreich finsterer Mächte zu verhindern, muss notfalls Gewalt angewendet werden. Ihre grenzenlose Dummheit bestand nun aber gerade darin, zu glauben, die Wahl Joe Bidens beruhe auf Betrug und Fake-News - und damit eben in einer falschen Anwendung des Allgemeinen auf die einzelne Situation.

Jeder einigermaßen klar denkende Mensch musste fassungslos sein angesichts der Bilder, die er an diesem Tag zu sehen bekam. Und leider ist das Gefühl der Fassungslosigkeit inzwischen zu einem chronischen Zustand geworden: Immer wieder aufs Neue werden wir mit Phänomenen konfrontiert, auf die das Sprichwort »Lügen haben kurze Beine« leider nicht zuzutreffen scheint. Vielmehr gilt - um ein Gedicht Erich Frieds zu zitieren: »Die Beine der größeren Lügen sind gar nicht so kurz. Kürzer ist meist das Leben derer, die an sie glauben.«

Aber wie gehen wir mit derartigen Entwicklungen um? Wie werden wir damit fertig, dass wir uns in einer Zeit der »Auflösung sogar des Glaubens an Fakten und empirisch testbare Wahrheiten«[14] befinden? Wie begegnen wir den Menschen, die sich von den Flötentönen der Rattenfänger betören lassen? Kants Diagnose, dem »Gebrechen« mangelnder Urteilskraft sei »gar nicht abzuhelfen«, hat sein Gefolgsmann Friedrich von Schiller noch drastischer formuliert: »Mit der Dummheit kämpfen Götter selbst vergebens!«[15] In der Tat dürfte bei Menschen, die schon so tief im Sumpf der Verblödung stecken, Hopfen und Malz verloren sein. Sollten wir ihnen vielleicht am ehesten aus einer Haltung der Ironie heraus begegnen?[16] Oder führt das nur zu noch größerer Feindseligkeit? Wahrscheinlich ist nur in enormen bildungs- und sozialpolitischen Anstrengungen ein Hoffnungsschimmer erkennbar: Wenn Aufklärung nicht bereits im Kindes- und Jugendalter beginnt und wenn sie nicht gerade auch die in den entsprechenden Milieus lebenden Menschen erreicht, sieht es für die Zukunft einer offenen Gesellschaft düster aus.

---

[14] VITTORIO HÖSLE, Globale Fliehkräfte. Eine geschichtsphilosophische Kartierung der Gegenwart, Freiburg i.Br. / München 2019, S. 104.

[15] FRIEDRICH SCHILLER, Die Jungfrau von Orleans, in: ders., Sämtliche Werke, Bd. 5, Darmstadt 1993, S. (687-812) 765.

[16] In seinem fast schon klassisch zu nennenden Buch *Wie man mit Fundamentalisten diskutiert, ohne den Verstand zu verlieren* (München ^{2}2001) empfiehlt HUBERT SCHLEICHERT »subversives Lachen« (siehe S. 142 ff.).

Allerdings wäre es allzu billig, nur mit dem Finger auf andere zu zeigen und sie der Bosheit oder Dummheit zu bezichtigen. Es gibt noch weitere Fallstricke, die gerade auch diejenigen straucheln lassen, die sich für moralisch integer und/oder besonders gebildet halten. Wir alle neigen dazu, vor dem Blick in den Spiegel eine rosarote Brille aufzusetzen: »Warum siehst du den Splitter im Auge deines Bruders, aber den Balken in deinem Auge bemerkst du nicht?« (Mt 7,3)

Diese Erkenntnis wird in den letzten Jahren zunehmend durch empirische Befunde der Sozialpsychologie unterfüttert. So konnte z.B. experimentell belegt werden, dass der Wunsch, ein positives Selbstbild zu besitzen, die Moral unterminieren kann. Der Verhaltensökonom Armin Falk etwa führte folgendes Experiment durch:[17] Er ließ Menschen einen Fragebogen ausfüllen. Allerdings: Je mehr Fragen ein Proband richtig beantwortete, umso mehr Labormäuse mussten sterben.[18] Diese Bedingung war den Probanden bekannt. Sie konnten also absichtlich Fragen nicht beantworten, um das Leben von Tieren zu retten. Entscheidend war nun folgende Variation des Versuchs: Wurde den Probanden mitgeteilt, der Fragebogen sei ein Intelligenztest, sank die Rate der fehlenden (also lebensrettenden) Antworten signifikant. Falk zieht daraus den Schluss: Unsere Eitelkeit - manifestiert in dem Bestreben, als intelligent zu gelten - stellt sich unserem Wunsch entgegen, Leben zu bewahren!

Erhellend ist auch die Fülle von Untersuchungen zum Phänomen des sogenannten »Moral Licensing« - auf deutsch: »Moralische Lizensierung«. Damit ist Folgendes gemeint: Haben Menschen etwas *Gutes* getan, entwickeln sie keine Schuldgefühle, wenn sie im Anschluss daran eine *schlechte* Tat vollbringen. So ließ sich z.B. zeigen, dass Personen, die der Umwelt zuliebe an einer Wassersparaktion in ihrer Wohnung teilnahmen, im Gegenzug mehr Strom verbrauchten als die Personen einer Vergleichsgruppe. Und zahlreiche Experimente zeigten, dass Menschen in Spielsituationen mehr

---

17 Siehe dazu Armin Falk, Warum es so schwer ist, ein guter Mensch zu sein … und wie wir das ändern können. Antworten eines Verhaltensökonomen, München 2022, S. 79 ff.

18 Um genau zu sein: Für das Experiment selbst mussten keine Tiere sterben. Es ging darum, Labortieren das Leben zu retten, die (hätte das Experiment nicht stattgefunden) getötet worden wären.

betrogen, wenn ihnen zuvor ihre vermeintliche Moralität vor Augen geführt wurde.[19]

Wir führen eine Art Moral-Bank-Konto: Durch Einzahlungen in Form guter Taten glauben wir, ein Guthaben angehäuft zu haben, aus dem wir uns von Zeit zu Zeit bedienen dürfen. Eine Analyse der Kontobewegungen bringt zweierlei ans Licht: Erstens hat der durchschnittliche Mensch kein Interesse daran, über längere Zeit eine größere Summe anzusparen. Soll heißen: Wir gönnen uns im Regelfall relativ schnell die eine oder andere Ausgabe in Form fragwürdiger Taten. Zweitens verrechnen wir uns nicht selten zu unseren Gunsten - z.B. so: »Habe ich nicht letzte Woche bei der Kollekte im Gottesdienst großzügig gespendet? Dann kann ich ja auch bei der Steuererklärung schummeln, an der ich gerade sitze!« Der bereits erwähnte Armin Falk nennt derartige Praktiken eine »Form des Ablasshandels mit sich selbst«.[20]

Wenn wir gerade beim Geld sind: Wir verdanken Falk und seinen Mitarbeitern noch weitere erhellende Studien zum grundlegenden Konflikt zwischen Moralität und Eigennutz. Sein bisher wohl bekanntestes Experiment sollte eine Antwort auf die Frage geben, wie viel es uns wert ist, das Leben eines Menschen zu retten. Konkret lautete der Konflikt, mit dem er die Probanden einer Befragung konfrontierte: »Würden Sie auf 100 Euro verzichten, um einen Menschen vor dem Tod zu retten?«[21] Das Geld mussten die Teilnehmer der Studie nicht selbst aufbringen. Sie hatten die Wahl, es als eine Art Aufwandsentschädigung in Empfang zu nehmen oder darauf zu verzichten. Der Verzicht führte dazu, dass die Leiter der Studie einen Betrag von 350 Euro an eine Hilfsorganisation überwiesen, die das Geld im Kampf

---

[19] Siehe – besser: höre – zu diesem Thema den Podcast *Moral Licensing – Mit gutem Gewissen Schlechtes tun*. Abrufbar in dem Angebot *Radio Wissen* des Bayerischen Rundfunks (URL: <https://www.br.de/mediathek/podcast/radiowissen/moral-licensing-mit-gutem-gewissen-schlechtes-tun/1249219> [21.12.2022]).

[20] A. FALK, Warum es so schwer ist, ein guter Mensch zu sein (s. Anm. 17), S. 50. Die derzeit wohl folgenreichste Variante dieses Ablasshandels dürfte die sogenannte »Kompensation« von umweltschädigendem Handeln darstellen – bspw. nach dem Motto: »Ich benutze zwar weiterhin das Flugzeug als Transportmittel, spende aber jedes Mal einen Beitrag für Aufforstungsprojekte.« In diesem Zusammenhang sei der Podcast *Wenden bitte! Klimaneutral durch CO_2-Kompensation?* des Öko-Instituts empfohlen (URL: <https://www.oeko.de/podcast/episode/klimaneutral-durch-co2-kompensation> [21.12.2022]).

[21] A. FALK, Warum es so schwer ist, ein guter Mensch zu sein (s. Anm. 17), S. 21.

gegen die Tuberkulose einsetzt. Das Ergebnis: 57 Prozent der Teilnehmerinnen und Teilnehmer entschieden sich für den Verzicht und damit dafür, ein Menschenleben zu retten. Erschreckt uns diese Zahl? Oder hätten wir Schlimmeres erwartet? Ein jeder möge seine eigenen Schlussfolgerungen ziehen.

Übrigens wurde das Experiment mehrfach variiert. So z.B. derart, dass die Entscheidung nicht anonym, sondern mit Wissen anderer Probanden getroffen wurde. Wie zu erwarten, stieg der Anteil der spendenwilligen Personen - um ca. 70 Prozent.[22] Dieses Resultat gleicht vielen anderen, die in ähnlichen Versuchsanordnungen zu sozialem Handeln zu beobachten waren: Führen gute Taten zu Anerkennung bzw. verhindern sie Missbilligung, werden sie wahrscheinlicher. Es müssen nicht einmal fremde Menschen sein, von denen wir uns kritisch beäugt fühlen: Es genügt bereits, wenn sich Menschen bei ihren Handlungen im Spiegel sehen, damit sie schädliches Handeln reduzieren.

Andererseits wird altruistisches Handeln weniger wahrscheinlich, wenn sich ein Mensch nur als Glied einer Kette sieht. Denn zum einen fallen wir allzu gern auf den sogenannten »Konsensüberschätzungseffekt« herein: Wir glauben, andere seien wie wir selbst[23] - was dann zu Denkweisen wie der folgenden führen kann: »Warum sollte ich weniger Auto fahren? Alle um mich herum sind doch auch überzeugt, dass Busse und Bahnen kein vollwertiger Ersatz sind!« Zum anderen kommt es zu einer Diffusion von Verantwortung, wenn wir uns nur als eine Person unter vielen wahrnehmen - nach dem Motto: »Was kann ich als kleines Rädchen im Getriebe schon bewirken?« Armin Falk ist Recht zu geben, wenn er Märkte als Paradebeispiele für diese Verwässerung betrachtet. Die Ergebnisse seines bisher vielleicht spektakulärsten Experimentes untermauern den Wahrheitsgehalt des Sprichworts, nach dem Geld den Charakter verdirbt.[24]

All die genannten Befunde machen das Problem deutlich, wenn wir darüber nachdenken, wie wir »im Alltag« miteinander umgehen sollen. In diesen Alltag sind Bedingungen eingewoben, die wir kaum zu kontrollieren, geschweige denn zu durchschauen vermögen. Diese Bedingungen sind zum einen psychischer Natur, zum anderen sind sie politisch-gesellschaftlich grundiert. Schon vor Jahrzehnten hat Jürgen Habermas in diesem Zusam-

---

[22] Vgl. a.a.O., S. 34 f.

[23] Siehe a.a.O., S. 16 f.

[24] Siehe a.a.O., S. 210 ff.

menhang von einer »Kolonisierung der Lebenswelt« durch das System gesprochen.[25] Nur zwei Beispiele: Wir schenken unseren Kindern Smartphones - wie viele Menschen sterben jährlich in den illegalen Minen, aus denen die Rohstoffe für diese Geräte stammen? Wir schauen uns auf dem Arbeitsmarkt nach medizinischem Personal aus fernen Ländern um, weil wir hilflosen Familienangehörigen die beste Pflege angedeihen lassen wollen - wer fragt danach, wie es ihnen und ihren Familien geht? Und so weiter, und so weiter.

Zusammengefasst: Unser Alltag spielt sich in gleich mehreren Spannungsfeldern ab - zwischen dem, was uns direkt vor Augen liegt und dem, was wir im Regelfall ausblenden, zwischen Nächsten- und Selbstliebe, zwischen Selbsterkenntnis und Selbsttäuschung.

5. Resümee

Wenn wir abschließend unseren Blick noch einmal zurückwenden, lässt sich zusammenfassen:

1. Als Vernunftwesen unterliegen wir prinzipiell einer absoluten moralischen Verpflichtung. Der Versuch, diesen Anspruch zu relativieren, ist selbstwidersprüchlich.

2. Aus einem moralischen Absolutismus kann aber kein detaillierter Vorschriftenkatalog bzw. Moralkodex abgeleitet werden. Nur die grobe Richtung ist uns vorgegeben: Die Maximen der Behutsamkeit und der Achtung vor dem Leben sollten hier handlungsleitend sein. Was im Einzelfall zu tun ist, müssen wir mit Hilfe unserer Urteilskraft zu ergründen suchen.

3. Doch gerade an dieser Urteilskraft fehlt es oft: Wir tappen vielfach in die Fallen der Selbsttäuschung und des moralischen Ablasshandels. Trotz aller guten Absichten begehen wir Fehler, werden wir schuldig.

4. Ist das ein Anlass zur Resignation? Nein! Wir können die letzte Aussage ja auch einfach umdrehen: Trotz aller Fehler sind wir im Grunde gut. Wir sollten das Beste aus unserer Janusköpfigkeit machen und unseren Mitmenschen gegenüber nachsichtig sein.

Wie schon zu Beginn sei auch zum Abschluss auf die Musik zurückgegriffen und auf die Metaphern, die sie uns anbietet: Laut der Idee der »wohltemperierten Stimmung« ermöglicht diese gerade dadurch, dass sie nicht »rein« ist, dass auf einem Instrument mehrere Tonarten gespielt werden können.

---

[25] Siehe dazu JÜRGEN HABERMAS, Theorie des kommunikativen Handelns, Bd. 2: Zur Kritik der funktionalistischen Vernunft, Frankfurt a.M. 1995, S. 171 ff.

Vielleicht steht es ja um unser Alltagshandeln im menschlichen Miteinander genauso. Wir sind auf ein *wohltemperiertes Leben* gestimmt: Eine Person »für jede Tonart« wird Moral nicht in vollkommener Reinheit verwirklichen können. Doch auch, wenn vieles ein wenig falsch ist, kann es im Ganzen durchaus richtig sein.

Hans-Georg Wittig

Wie kann menschliches Miteinander gelingen? (II)

Herausforderungen des Atomzeitalters

Menschliches Miteinander hat viele Aspekte. Das von Michael Großmann Gesagte möchte ich zurückbeziehen auf unsere reale geschichtliche Situation. Seit dem Zweiten Weltkrieg leben wir im Atomzeitalter. Meine These ist, dass wir noch nicht annähernd erfasst haben, was das für unser Miteinander auf diesem Planeten bedeutet.[1]

Erstmals in der Geschichte ist es möglich, dass wenige Menschen die Menschheit als ganze und alle höheren Formen des Lebens auf der Erde vernichten. Nunmehr kann jede kriegerische Auseinandersetzung, zumal wenn Atommächte an ihr beteiligt sind, in einen Atomkrieg eskalieren. Homo sapiens muss also lernen, seine Konflikte, die es weiterhin geben wird, anders als durch militärische Gewalt zu lösen, und zwar rechtzeitig. Es geht um nichts Geringeres als die Überwindung der Institution des Krieges, und das ist ein zentrales Thema des Christentums und anderer Religionen, gerade für die Gestaltung des Lebensalltags.

1. Freies Christentum in der Kirche

Vorab brauche ich nur kurz daran zu erinnern, dass es nicht um Abgrenzungen vom bisherigen Christentum geht – Spaltpilze gibt es schon genug. Um das Einbringen neuer Fragen geht es, auch Fragen nach dem ursprüngli-

---

1 Vgl. schon Günther Anders, Die Antiquiertheit des Menschen, Bd. 1: Über die Seele im Zeitalter der zweiten industriellen Revolution; Bd. 2: Über die Zerstörung des Lebens im Zeitalter der dritten industriellen Revolution, München 1956 / 1980; ders., Die atomare Drohung, München 1981; Peter Kern / Hans-Georg Wittig, Pädagogik im Atomzeitalter, Freiburg i.Br. [2]1984.

chen Sinn unserer Religion, also um ein lebendigeres, vertieftes Christentum. Und wir sollten froh sein, dass die Institution der Kirche seit zwei Jahrtausenden durchgehalten hat und dass sie unser aller Heimat sein kann. Trotz aller berechtigten Detailkritik: Wie arm wären unsere Gesellschaften ohne sie!

In einer zukunftsfähigen Kirche werden allerdings Dogmen und Riten nicht mehr das Letzte sein können. Nicht auf Buchstaben und Worte kommt es letztlich an, sondern auf den Geist, den Worte immer nur unvollkommen auszudrücken vermögen. Um diesen Geist vor möglichen Missverständnissen und Missbräuchen zu bewahren, bedarf es immer neuer Versuche, ihn in angemessene Formen zu fassen, und dafür brauchen wir vernünftiges Nachdenken.[2]

2. Goldene Regel und philosophische Anthropologie

Wie kann menschliches Miteinander gelingen? Zunächst kann die Antwort kurz sein: durch Beherzigung der Goldenen Regel. Diese formuliert auch Jesus in der Bergpredigt: »Behandelt die Menschen so, wie ihr selbst von ihnen behandelt werden wollt - das ist der Inhalt des Gesetzes und die Lehre der Propheten.«[3]

Diese Formulierung ist formal, sie lässt offen, wie wir denn behandelt werden wollen. Deshalb hier eine zweite zentrale Aussage Jesu, die klarstellt, dass es um die Liebe geht: »Du sollst den Herrn, deinen Gott, lieben von ganzem Herzen, von ganzer Seele und mit deinem ganzen Verstand! Dies ist das größte und wichtigste Gebot. Das zweite ist gleich wichtig: Liebe deinen Nächsten wie dich selbst!« Und wieder heißt es: »In diesen beiden Geboten ist alles enthalten, was das Gesetz des Mose und die Lehren der Propheten über Gottes Willen aussagen.«[4]

Jesus vertritt also, wie wir heute sagen, eine »Verantwortungsethik«, die nicht von einer Fülle fixierter Gebote und Verbote ausgeht, sondern der ein-

---

2 Vgl. HANS-GEORG WITTIG, Zukunftsfähige Bildung und zukunftsfähige Kirche in einer aus den Fugen geratenden Welt, in: Markus Wriedt / Raphael Zager (Hg.), Notwendiges Umdenken. Festschrift für Werner Zager zum 60. Geburtstag, Leipzig 2019, S. 265-274.

3 Mt 7,12 (Die Gute Nachricht. Das Neue Testament in heutigem Deutsch, Stuttgart 1976).

4 Mt 22,37-40 (Die Gute Nachricht).

zelnen Person zutraut und zumutet, aus der rechten Grundeinstellung heraus selbstständig die jeweils erforderliche Lösung zu finden.[5]

Aber schon im alltäglichen Miteinander ist diese Liebe, die weit über Sexus und Eros hinausgeht, nicht leicht zu leben, weit verbreitete Grundhaltungen stehen ihr entgegen. Eine diesbezügliche »Philosophie für den Lebensalltag« hat schon vor einem halben Jahrhundert Wilhelm Kamlah vorgelegt.[6] Um anderswo Gesagtes nicht zu wiederholen, beschränke ich mich auf einige Zitate, die auf die Grundhaltungen des selbstsicher Erfolgreichen und des süchtig Unzufriedenen Bezug nehmen: »Der Selbstsichere stellt die Frage nach dem Leben-können nicht, der Süchtige stellt sie unterschwellig immerfort und dennoch unzureichend. Denn er teilt ja das illusionäre Leitbild des schlechthin mangellosen Lebens. [...] Der Selbstsichere und der Süchtige sind beide ganz und gar ›mit sich selbst beschäftigt‹ [...] und daher, in dieser ihrer Selbstbefangenheit, unaufgeschlossen für die Bedürftigkeit des Mitmenschen. [...] Die Preisgabe der eigenmächtigen Selbstbefangenheit, die sich der Selbstsichere und der Süchtige nur als asketischen Verzicht auf jedes lebenswerte Leben zu denken vermögen, ist umgekehrt geradezu der erste Schritt zu einem wahrhaft gelingenden Leben [...]. Dem Gläubigen widerfährt die Gelöstheit eines ›neuen Lebens‹ durch ›Erlösung‹, durch Gottes ›Gnade‹. [...] Auch der Platonische Sokrates spricht seine Gelassenheit oft durch Formeln seiner religiösen Überlieferung aus [...].«[7]

3. Verantwortungsethik mit globaler Perspektive

Wenn Verantwortungsethik dem Handelnden zumutet, die Folgen seiner möglichen Handlungen einzuschätzen und dann gemäß der Goldenen Regel zu entscheiden, dann erfordert das Leben in einer globalisierten, hochgradig vernetzten Welt eine globale Ausdehnung auch unserer moralischen Perspektive, dann dürfen sich Christen nicht mehr auf den Nahhorizont ihrer jeweiligen Gemeinde beschränken, sondern dann ist Fernstenliebe nötig, nämlich die Berücksichtigung der durch unser Handeln betroffenen Ferns-

---

5 Vgl. Hans-Georg Wittig, Die Grenzen des Wachstums und die Maßlosigkeit des Menschen – ein unlösbares Dilemma?, in: Werner Zager (Hg.), Albert Schweitzers Ethik der Ehrfurcht vor dem Leben (Veröffentlichungen des Bundes für Freies Christentum, Bd. 5), Leipzig 2021, S. 13-31.

6 Wilhelm Kamlah, Philosophische Anthropologie. Sprachkritische Grundlegung und Ethik, Mannheim 1972.

7 A.a.O., S. 156-160.

ten – sowohl im räumlichen als auch im zeitlichen Sinn (indigene Völker in anderen Erdteilen, späte Opfer strahlenden Atommülls usw.).

Und in dieser Sicht erweist sich eben als schlimmste Bedrohung menschlichen Miteinanders die Gefahr eines großen Krieges. Sie ist deshalb so heimtückisch, weil sie von uns Lernen nur durch rechtzeitige Einsicht und Voraussicht verlangt. Simpel gesagt: Solange es nicht knallt, scheint alles in Ordnung zu sein; wenn es aber knallt, dann ist alles zu spät. Im Blick auf den Krieg müssen wir also zunächst unsere Vorstellungskraft trainieren. Deshalb ist es an dieser Stelle nötig, etwas ausführlicher auf den Krieg und seine Geschichte zu blicken.

4. Zur Geschichte des Krieges

Was ist Krieg? Eine kluge Definition besagt, er sei eine Einrichtung, bei der viele Menschen, die sich gar nicht kennen, sich gegenseitig töten, auf Befehl weniger Menschen, die sich sehr wohl kennen, sich aber nicht töten. In diesem Sinne gibt es organisierten Krieg erst seit einigen tausend Jahren, seit Entstehung der großen Gesellschaften im Gefolge der »neolithischen Revolution«, und es spricht nichts dagegen, dass die Menschen lernen, ihre Konflikte anders als auf diese Weise auszutragen.

Wahr ist allerdings auch: Grausame Gewalt und Mord hat es unter Menschen seit eh und je gegeben. Im Unterschied zu Raubtieren brauchte der Mensch evolutionär keine verlässliche Tötungshemmung herauszubilden, denn es ist gar nicht so leicht, seinesgleichen mit bloßer Hand umzubringen. Wenn er nun aber kraft seines Verstandes Werkzeuge erfindet, auch tödliche Waffen, dann wird es bald lebensgefährlich. Und wenn diese Waffen auf Distanz wirken, das angerichtete Leid also nicht mehr unmittelbar wahrgenommen wird, dann wird die psychische Schwelle zur Tötung noch niedriger. Die Entwicklung der Rüstungsindustrie führt zu immer mehr Tötungswirkung bei immer weniger psychischer Belastung. Hier haben wir es mit einem Musterbeispiel für das Grundproblem des Menschen zu tun: Die immer weitere Steigerung seines Wissens und Könnens erweist sich geradezu als Brandbeschleuniger, wenn sie seine Verantwortungsfähigkeit zunehmend überfordert.

Der Motor, der uns in diese Fehlentwicklung treibt, darf nicht unterschätzt werden, es ist die zwischenmenschliche Machtkonkurrenz, motiviert durch Furcht und gesteigert durch Verstandesleistungen. Am Beispiel der Verteidigungspolitik: Jede Seite hält sich für am besten gesichert, wenn sie stärker ist als der potentielle Gegner; Ergebnis: Wettrüsten ohne Grenze ...[8]

Ende des 19. Jahrhunderts kam es anlässlich der Erfindung des Dynamits zu einem denkwürdigen Gespräch zwischen Alfred Nobel und Bertha von Suttner. Die Pazifistin dachte mit Grauen an künftige Kriege, aber Nobel versuchte sie zu beruhigen: es verhalte sich genau umgekehrt, das Dynamit habe eine derartige Sprengkraft, dass damit Kriege wie bisher gar nicht mehr geführt werden könnten - zwanzig Jahre später war der Erste Weltkrieg da.

1912 gab es in Basel einen internationalen Sozialistenkongress, sogar im dortigen Münster. Man schwor sich, sich nicht im Dienste der Herrschenden und ihrer Machtinteressen ins gegenseitige Gemetzel treiben zu lassen - zwei Jahre später fand genau dies statt, die Kriegsbegeisterung vertrieb alle Besonnenheit, auch bei den Kirchen.

Am Vorabend des Zweiten Weltkrieges fand Otto Hahn die Atomspaltung, und rasch wurde den Physikern, die sich auskannten, klar, dass auf dieser Basis Atombomben und Atomkraftwerke produziert werden könnten. Sofort sahen Carl Friedrich von Weizsäcker und Georg Picht, dass nur die Abschaffung der Institution des Krieges helfen könne - aber in dem Krieg, der nun entbrannte, wurden die ersten Atombomben eingesetzt.

Nach dem Krieg war die Gründung der Vereinten Nationen (als Nachfolgerin des Völkerbundes), also das Streben nach einer globalen Rechtsordnung, gewiss ein richtiger Schritt, aber die UNO war zu schwach und sogleich belastet durch den aufbrechenden Kalten Krieg zwischen der Sowjetunion und dem Westen. So blieb es bis heute im Wesentlichen bei dem Versuch, Krieg durch wechselseitige atomare Abschreckung zu verhindern - das aber macht grundsätzliche Überlegungen nötig.

5. Spiel mit dem Weltbrand

Erstens gilt unabhängig von allen Details atomarer Strategie:[9] Atomare Abschreckung ist prinzipiell labil. Zwar erfüllt die Bombe ihren Sinn nicht, wenn sie fällt (der Wunsch, sie einzusetzen, soll niemandem unterstellt werden), aber sie erfüllt ihren Sinn eben auch nicht, wenn es unmöglich ist, dass sie fällt, denn dann ist die Drohung leer, und das merkt der Gegner

---

[8] Vgl. P. Kern / H.-G. Wittig, Pädagogik im Atomzeitalter (s. Anm. 1); H.-G. Wittig, Die Grenzen des Wachstums und die Maßlosigkeit des Menschen – ein unlösbares Dilemma? (s. Anm. 5), 4. und 5. Schritt, S. 21-25.

[9] Vgl. P. Kern / H.-G. Wittig, Pädagogik im Atomzeitalter (s. Anm. 1), S. 15-20.

meist schnell. Atomare Abschreckung funktioniert also nur dann, wenn der Einsatz von Nuklearbomben stets möglich ist, aber nie wirklich wird. Dies ist ein - auf Dauer oder auch schon bald - tödliches Spiel mit dem Weltbrand.

Die Höhe des Risikos ergibt sich aus den Faktoren Schadensgröße und Wahrscheinlichkeit des Schadenseintritts. Auch wenn die Wahrscheinlichkeit gering sein sollte, ist das Risiko aufgrund der schier unendlichen Größe des drohenden Schadens unannehmbar hoch. Natürlich kann es - vom Einsatz atomarer »Gefechtsfeldwaffen« bis zum Einsatz der großen Interkontinentalraketen - eine unüberschaubare Vielzahl möglicher Kriegsverläufe geben. Aber prinzipiell ist der Einsatz des gesamten Potentials nicht auszuschließen, und schon vor Jahrzehnten gab es groteske »overkill capacities«. Vom Millionenfachen der Hiroshima-Bombe lässt sich leicht reden - das heißt aber: Wenn täglich eine solche Bombe mit all ihren fürchterlichen Wirkungen abgeworfen würde, dann brauchte man, um die vorhandenen Potentiale einzusetzen, für diese täglichen Abwürfe die Zeit von der griechischen Antike bis heute. Günther Anders hat gezeigt, wieso wir außerstande sind, das Ausmaß der Gefahr zu erfassen, in die wir uns mit aller Kraft hineinmanövriert haben.[10]

Und was neben der Größe des eventuellen Schadens seine Wahrscheinlichkeit betrifft, so ist sie so gering nicht: Atomare Abschreckung kann aus politischen oder aus technischen Gründen versagen. Ein Beispiel für politische Gefahren ist die Kuba-Krise zu Beginn der 60er-Jahre, ein Beispiel für technische Gefahren der Fehlalarm im September 1983, der eigentlich einen atomaren Gegenschlag der Sowjetunion hätte auslösen müssen. Wie oft es im Kalten Krieg beinahe zu Katastrophen gekommen wäre, hat der frühere Oberkommandierende der US-Nuklearstreitkräfte, General George Lee Butler, erschütternd klargemacht. Was aber ist heute zu hören? Die atomare Abschreckung habe sich im Kalten Krieg als Friedenssicherungsstrategie bestens bewährt! Wie ignorant oder aber zutiefst unehrlich sich heutige Politiker zu dieser Überlebensfrage der Menschheit verhalten, ist kaum zu fassen.[11]

Zweitens, was die ethischen Konsequenzen betrifft: Zwar können wir das schwere Schicksal des Atomzeitalters nicht mehr loswerden, denn

---

[10] Vgl. G. Anders, Die Antiquiertheit des Menschen (s. Anm. 1); ders., Die atomare Drohung (s. Anm. 1).

[11] Vgl. auch Wolfgang Sternstein, Endzeit. Hoffnung und Widerstand im Atomzeitalter, Pliezhausen 2017, insbes. S. 78 ff.

selbst im Fall einer allgemeinen Abrüstung muss davon ausgegangen werden, dass das Wissen davon, wie Atombomben (und andere Massenvernichtungswaffen) hergestellt werden können, nicht mehr abschaffbar ist. Wir haben aber die Pflicht, alles zu unterlassen, was das Risiko eines Weltbrandes erhöht, und alles zu tun, was dieses Risiko mindert. In der hier vertretenen Verantwortungsethik ist dies die einzige inhaltliche Norm, die unbedingt gültig, also nicht von Bedingungen abhängig ist, denn sie versucht, die Basis allen jetzigen und künftigen Lebens zu schützen (Probleme, die erst mit dem Atomzeitalter relevant geworden sind). Mit meinem Kollegen Peter Kern spreche ich hier von »Atompazifismus«,[12] und ich freue mich, dass auch Albert Schweitzer diese Position vertreten hat. Seine »Ethik der Ehrfurcht vor dem Leben« mutet der mündigen Person selbstständige Entscheidungen zu, aber in der Ablehnung der Atomrüstung war er radikal.[13] Wenn wir zulassen, das gemeinsame Überleben aufs Spiel zu setzen, brauchen wir über sonstige Bedingungen gelingenden Miteinanders kaum noch nachzudenken.

6. Zur aktuellen Situation

Seit dem Ende des Zweiten Weltkrieges haben wir versäumt, uns intensiv genug um Alternativen zu kriegerischer Konfliktaustragung zu bemühen. Die UNO ist, wie gesagt, bisher zu schwach. In den 70er-Jahren gab es in einigen neutralen Staaten Europas ernsthafte Diskussionen über Möglichkeiten gewaltfreier Verteidigung.[14] Heute erleben wir eine Renormalisierung des Militärs, als ob es Friedensforschung und Friedensbewegung nie gegeben hätte. Der Vertrag zur Nichtverbreitung von Atomwaffen ist eine gute Sache, aber die Atommächte, die sich darin zugleich verpflichtet haben, ihre eigenen Potentiale abzubauen, denken gar nicht daran, dieser Verpflichtung nachzukommen, und provozieren eben dadurch das Bestreben anderer

---

[12] Vgl. P. KERN / H.-G. WITTIG, Pädagogik im Atomzeitalter (s. Anm. 1), S. 144-156.

[13] Vgl. HANS-GEORG WITTIG, Mitgeschöpflichkeit – grundlegende Beiträge Albert Schweitzers zu Selbstverständnis und Bildung des Menschen, in: Beiträge Pädagogischer Arbeit, Jg. 33 (1990), Heft II, S. (44-70) 60 f.

[14] Vgl. HANS-GEORG WITTIG, Über die geschichtliche Notwendigkeit gewaltfreier Konfliktaustragung im Atomzeitalter, in: Theodor Ebert u.a. (Hg.), Demokratische Sicherheitspolitik, München 1974, S. 40-54; RUDOLF EPPLE / HANS-GEORG WITTIG, Survey on the Discussion of Civilian Defence in Switzerland, in: Gustaaf Geeraerts (Hg.), Possibilities of Civilian Defence in Western Europe, Amsterdam 1977, S. 153-157.

Staaten, ebenfalls in den Besitz von Atomwaffen zu gelangen. Als Reaktion auf dieses bisherige Scheitern des Nichtverbreitungsvertrages haben viele atomwaffenlose Staaten in den letzten Jahren im Rahmen der UNO einen weitergehenden Atomwaffenverbotsvertrag initiiert, der Anfang 2021 tatsächlich in Kraft getreten ist. Österreich z.B. trägt ihn mit, aber in Deutschland als NATO-Mitglied ist er nicht einmal diskutiert worden. Kurzum: 75 Jahre haben wir die notwendig gewordene Umstellung auf nicht-militärische Formen der Konfliktaustragung versäumt.

Und jetzt sind wir unerwartet in eine überaus unangenehme Situation geraten. Im Unterschied zu den vielen schrecklichen Kriegen, die es seit 1945 gegeben hat und gibt, überfällt eine der beiden großen Atommächte, um den Zerfall der Sowjetunion rückgängig zu machen, militärisch die souverän gewordene Ukraine. Der sympathische Impuls, dem Freiheitsstreben der Ukrainer zu Hilfe zu kommen, läuft nun, da wir alle nach wie vor fest in der Logik des Militärs befangen sind, vor allem auf militärische Unterstützung hinaus, die aber zwangsläufig, ob sie will oder nicht, zu einer Erhöhung des Risikos eines Atomkriegs führt. Erschreckend ist, dass diese riskante Seite militärischer Hilfe im Zuge der um sich greifenden Aufrüstungshysterie immer weniger gesehen wird – von Jüngeren noch weniger als von Älteren.[15]

Und die Perspektiven sind düster: Gerade dann, wenn diese Krise noch einmal glimpflich ausgehen sollte, werden die Militärs sich bestätigt fühlen und erst recht nicht bereit sein, sich auf die notwendigen Alternativen einzulassen. Dass aber alle künftigen Krisen glimpflich ausgehen, ist extrem unwahrscheinlich. Für die Evolution des Lebens auf diesem Planeten macht es jedoch keinen Unterschied, ob die Katastrophe einige Jahrzehnte oder Jahrhunderte früher oder später erfolgt ...

7. Liebe als rettende Möglichkeit

Bevor wir nach aktuellen Konsequenzen für unser eigenes Christsein fragen, sollten wir sehen, wie sehr das Christentum selbst als Antwort auf die Krisen der Hochkulturen verstanden werden kann. Eine Antwort auf die wuchernde – oft militärisch ausgetragene – Machtkonkurrenz in und zwischen den nunmehr großen Gesellschaften ist im vorchristlichen Jahrtausend (also etwa in der Zeit, die Karl Jaspers als »Achsenzeit« bezeichnet hat) die Entstehung der Hochreligionen und der antiken Philosophie. Der bei aller Verstandesanstrengung doch blinden, ich-befangenen Machtkonkurrenz wird

---

15 Vgl. Badische Zeitung (Freiburg) vom 4.7.2022, S. 3.

nun die Weisheit der Vernunft entgegengesetzt, den Feindbildern die Feindesliebe, dem Befehlsgehorsam die Berufung darauf, dass man Gott mehr gehorchen müsse als den Menschen, der Gewalt die Einsicht: »Wer das Schwert nimmt, wird durch das Schwert umkommen.«[16]

Im beginnenden Zeitalter des Dialogs zwischen den Weltreligionen ist es wichtig zu sehen, dass derlei Einsichten auch in anderen Kulturen erreicht werden. So heißt es im buddhistischen »Dhammapada«: »Denn niemals hört im Weltenlauf / die Feindschaft je durch Feindschaft auf. / Durch Liebe nur erlischt der Hass, / ein ewiges Gesetz ist das.«[17] Hier wird Feindesliebe (oder »Entfeindungsliebe«) sogar vernünftig begründet, sofern unter Vernunft die Wahrnehmung des Ganzen verstanden wird: Vom einzelnen Menschen her gesehen ist die Forderung, den Hass des anderen durch eigene Liebe zu löschen, ein Anspruch, der weit über vergeltende Gerechtigkeit hinausgeht, aber vom Ganzen her gesehen liegt hierin die entscheidende Heilungsmöglichkeit.[18]

In der bisherigen Geschichte waren es nur Minderheiten, denen dieser Weg gelungen ist. Martin Luther King hat wohl Recht mit der Behauptung, Gandhi sei der Erste gewesen, der diese menschliche Möglichkeit zu einem politisch praktikablen Konzept ausgebaut habe. Aber haben wir heute die Kraft, diesen Weg zu gehen? Wenn es uns jedoch an dieser Kraft mangelt: Sind wir dann nicht noch weniger berechtigt, einen Weltbrand zu riskieren? Diese Fragen schreien nach sorgfältiger und öffentlichkeitswirksamer Diskussion, und damit komme ich endlich auf die Konsequenzen für unser Christsein zurück.

8. Dialoge und Kultur der Ehrfurcht vor dem Leben

Dass der hier vertretene »Atompazifismus« nicht nur auf Zustimmung stößt, ist klar - sogar die »Friedensforscher« scheinen in dieser Hinsicht viel Mut verloren zu haben. Aber zumindest diskutiert werden müssen diese Fragen, und da vermisse ich bei den Kirchen ein groß angelegtes Angebot für kontroverse Diskussionen. Dabei hätten gerade die Kirchen als Forum für solche

---

16 Mt 26,52.

17 Vgl. Hans-Georg Wittig, Religiöses Opium oder biblisches Dynamit? Leonhard Ragaz als theologischer und pädagogischer Vorkämpfer des Konziliaren Prozesses für Gerechtigkeit, Frieden und Bewahrung der Schöpfung, in: Beiträge Pädagogischer Arbeit, Jg. 35 (1992), Heft I, S. (24-53) 31-34.

18 Vgl. auch Carl Friedrich von Weizsäcker, Der Mensch in seiner Geschichte, München 1991.

Dialoge eine doppelte Chance: Inhaltlich könnten und müssten sie - im Unterschied zur Kurzatmigkeit des Politik-Betriebs - ihre Perspektiven räumlich und zeitlich erheblich erweitern und sich den Grundfragen zuwenden, und methodisch könnten und müssten sie ein Vorbild an Sachlichkeit und Fairness sein, im Gegensatz zum Verfall der Argumentationskultur in unserer immer weiter sich polarisierenden Gesellschaft. Viel zu viele Menschen meinen immer schon zu wissen, was jeweils zu tun sei, ohne sich die Mühe sorgfältiger Orientierung gemacht zu haben. Leider unterläuft derart vorschneller Aktivismus auch den Kirchen, z.B. in der Flüchtlingsfrage.[19]

Doch nicht einer einseitigen Verkopfung soll hier das Wort geredet werden, sondern eine solche Aktivierung nötiger Dialoge müsste eingebettet sein in die umfassende Förderung einer Kultur der Gewaltfreiheit oder, positiv gewendet, der Ehrfurcht vor dem Leben, und hier gibt es, gerade im kirchlichen Raum, vielfältige Ansatzmöglichkeiten: von den Kindertagesstätten und der Jugendarbeit über die Diakonie bis hin zur Erwachsenenbildung.

Natürlich gehören zu einer solchen Kultur der Ehrfurcht vor dem Leben auch die ökologischen Themen, und das ist gut so, denn Ökothemen sind pädagogisch leichter zu bearbeiten als das Kriegsproblem: Viele Ökoprobleme drängen sich schon unserer sinnlichen Wahrnehmung auf und rufen so zunehmend nach Abhilfe, die Gefährlichkeit eines Atomkrieges dagegen liegt darin, dass er sich, wie gesagt, nicht rechtzeitig ankündigt.

9. Ziviler Ungehorsam?

Wenn es zutrifft, dass Homo sapiens rechtzeitig alternative Formen der Konfliktaustragung lernen muss, dann drängt die Zeit. Gegenüber der Schwerfälligkeit von Demokratien setzen deshalb Aktivisten zunehmend auf das Mittel des zivilen Ungehorsams, um den nötigen Bewusstseinswandel zu beschleunigen (z.B. bei »Extinction Rebellion«, »Letzte Generatiom«) - sollen Christen solche Protestaktionen unterstützen?

---

[19] Vgl. PAUL COLLIER, Exodus. Warum wir Einwanderung neu regeln müssen. Aus dem Engl. von Klaus-Dieter Schmidt, München 2014; ALEXANDER BETTS / PAUL COLLIER, Gestrandet. Warum unsere Flüchtlingspolitik allen schadet – und was jetzt zu tun ist, München 2017; ASFA-WOSSEN ASSERATE, Die neue Völkerwanderung. Wer Europa bewahren will, muss Afrika retten, Berlin [4]2017; KONRAD OTT, Zuwanderung und Moral, Stuttgart 2016.

Hier möchte ich Warnungen in beide Richtungen aussprechen: an die Adresse der Aktivisten, dass sie unnötige Fehler vermeiden müssen, und an die Adresse der Öffentlichkeit, dass sie sich hütet, aufgrund dieser unnötigen Fehler die Methode als solche zu diskreditieren.

Auch hier ist von Gandhi Entscheidendes zu lernen.[20] Er war ein Verehrer des Rechtsstaates. Solange Unrecht legal beseitigt werden konnte, lehnte er die Übertretung von Gesetzen ab. Erst wo bestimmte rechtliche Regelungen offenkundig ungerecht waren, kam ziviler Ungehorsam für ihn in Frage: zur Herbeiführung besserer Regeln und damit eines besseren Rechtsstaates.

Für das Gelingen zivilen Ungehorsams nannte Gandhi drei Bedingungen: Die Ziele müssen gerecht sein, die Methoden gewaltfrei, die Leidensbereitschaft der Akteure unbegrenzt[21] - diese Bedingungen werden bei den heutigen Aktionen höchstens partiell erfüllt, sind aber prinzipiell erfüllbar.

Ausreichender und rechtzeitiger Klimaschutz ist gewiss ein gerechtes Ziel. Welche Einzelaktionen jedoch an welchem Ort zu welcher Zeit sich rechtfertigen lassen, muss sorgfältig bedacht werden. Verkehrsblockaden z.B. können Sympathisanten verbittern und Opposition fördern - gibt es zielgenauere und damit möglicherweise auch intensiver wirkende Aktionen?

Die Methoden sollen gewaltfrei sein. Dabei wird »violence« (verletzende Gewalt, also Gewalt gegen Lebewesen) von Gewalt gegen Sachen unterschieden, die eher akzeptiert wird. Aber schon bei den Verkehrsblockaden wird es wieder schwierig: Wenn ein Krankenwagen im Stau festsitzt, kann das Menschenleben kosten.

Am schwersten ist in unserer - im Vergleich zu Gandhis Indien enorm verwöhnten - Gesellschaft die dritte Bedingung zu erfüllen. Ein Maximum an Leidensbereitschaft bestünde in der Hinnahme von Folter und Tod, so etwas hat es in unserer Tradition seit dem frühen Christentum kaum mehr gegeben. Das Minimum aber bestünde darin, dass die Akteure die juristisch fälligen Strafen bewusst auf sich nehmen (vielleicht sogar, wie Gandhi, fordern). Erst ein solches Opfer dürfte ihren Protest glaubwürdig machen.

---

20 Vgl. Peter Kern / Hans-Georg Wittig, Was können wir angesichts der Ökokrise von Gandhi lernen?, in: Erwachsenenbildung, Jg. 30 (1984), S. 19-24; Hans-Georg Wittig, Gandhis Weg zur Wahrheit, in: Peter Kern / Hans-Georg Wittig, Notwendige Bildung. Studien zur Pädagogischen Anthropologie, Frankfurt a.M. / Berlin / New York 1985, S. 223-232.

21 Vgl. Mohandas Karamchand Gandhi, The Selected Works, Bd. VI: The voice of truth, Ahmedabad 1969, S. 186 (31.3.1946).

Auf der anderen Seite ist die Gesellschaft gut beraten, zivilen Ungehorsam nicht zu hart zu bestrafen - sie würde dadurch ihr eigenes Frühwarnsystem schädigen oder gar zerstören. Die rechtzeitige Dramatisierung ungelöster Konflikte kann eine große Hilfe sein. Deshalb sollten wir das Instrument des zivilen Ungehorsams pflegen und nicht diskreditieren.

10. Rück- und Ausblick

Warum habe ich Ihnen diese wenig erfreulichen Blicke auf unsere Lebenssituation im Atomzeitalter zugemutet? Weil sie m.E. bei einer realistischen Analyse unseres Miteinanders und seiner Chancen nicht fehlen dürfen und weil sich aus ihnen große Aufgaben für die Kirchen ergeben. (Und weil das Thema so wenig im öffentlichen Bewusstsein präsent ist, musste es hier, um überzeugen zu können, mit einer gewissen Ausführlichkeit dargestellt werden.) Vor fast vier Jahrzehnten wurde weltweit der »konziliare Prozess« für Gerechtigkeit, Frieden und die Bewahrung der Schöpfung (JPIC) initiiert - nicht zuletzt durch die evangelischen Kirchen in der damaligen DDR, im Westen tatkräftig unterstützt auch durch Carl Friedrich von Weizsäcker: Was ist daraus geworden? Können wir daran anknüpfen?[22]

Und schließlich: Wenn unsere Bemühungen um ein menschliches Miteinander am Ende scheitern? Gerade dann wird die religiöse Rückbindung bedeutsam. Unser aller Leben ist endlich, Gott nicht. Aber was heißt »Gott«? Schon der Reformator Zwingli meinte: Noch weniger, als ein Wurm ahnen könne, was ein Mensch sei, könne ein Mensch ermessen, was oder wer Gott sei. Vielleicht dürfen wir sagen, Gott sei die gute Wirklichkeit aller Möglichkeiten.[23] Dass Leben, Seele, Geist möglich sind, zeigt die Erde. Welche Entwicklungen anderswo stattfinden oder stattfinden können - Entwicklungen,

---

[22] Vgl. CARL FRIEDRICH VON WEIZSÄCKER, Die Zeit drängt. Eine Weltversammlung der Christen für Gerechtigkeit, Frieden und die Bewahrung der Schöpfung, München 1986; Das Ende der Geduld. Carl Friedrich von Weizsäckers »Die Zeit drängt« in der Diskussion, München 1987.

[23] Vgl. z.B. HANS-GEORG WITTIG, Humane Religion als Hoffnungsanker – zwischen religiösen Verirrungen und wissenschaftsgläubigem Atheismus. Ein Dank an Kant, in: Freies Christentum, Jg. 65 (2013), S. 148-159; DERS., Die materialistische Weltanschauung des neuen Atheismus – eine philosophische Auseinandersetzung, in: Werner Zager (Hg.), Der neue Atheismus. Herausforderung für Theologie und Kirche, Darmstadt 2017, S. 117-131; dazu KURT BANGERT, Gott im liberalen Christentum. Vom gnädigen Gott der Reformation zum Posttheismus des 21. Jahrhunderts, Wiesbaden 2022, S. 246-248.

auf die vielleicht nicht einmal der irdische Begriff »Leben« passt –, wissen wir nicht. Wer aber behauptet, mit einem Ende menschlicher Geschichte sei alles verloren, behauptet mehr, als er intellektuell verantworten kann. Deshalb ist das oben zitierte Doppelgebot so wichtig: Nicht nur um die Liebe zwischen Menschen geht es – und, wie wir mit Schweitzer hinzufügen dürfen, zu den anderen Geschöpfen –, sondern als Grundlage um das Vertrauen auf die Güte des Schöpfers.

Raphael Zager

Glaubenserfahrung in Worte fassen

Wie finden wir eine neue religiöse Sprache?

»Glaubenserfahrung in Worte fassen« – das beschreibt scheinbar zwei aufeinanderfolgende Tätigkeiten: Zunächst mache ich eine Glaubenserfahrung und dann fasse ich diese Glaubenserfahrung in Worte. So weit so gut.

Hier tauchen jedoch schon die Fragen auf. Zum einen: Wo und wann machen wir heute überhaupt Glaubenserfahrungen? Und zum anderen: Setzt nicht das Reden von einer solchen Glaubenserfahrung immer schon eine ausgeformte religiöse Sprache[1] voraus? Glaubenserfahrung und religiöse Sprache stehen also in einem wechselseitigen Verhältnis zueinander, ähnlich dem sogenannten hermeneutischen Zirkel.[2] Ich mache Glaubenserfahrungen immer schon auf der Grundlage einer mir vorausgehenden religiösen Sprache, und meine religiöse Sprache ist immer schon vorgeprägt durch meine eigenen Glaubenserfahrungen.

Eine Religion wie das Christentum lässt sich auch als Sprachwelt verstehen. Sie folgt einem bestimmten Satzbau, hat eigene Vokabeln wie Gna-

---

[1] Die Bezeichnung »religiöse Sprache« erfordert zunächst einmal einen Begriff von Religion: Da bis heute ein allgemein akzeptierter Religionsbegriff nicht existiert und für einen eignen Versuch hier nicht der Platz ist, sei lediglich auf diese Problematik hingewiesen (vgl. dazu ALBRECHT GRÖZINGER, Die Sprache des Menschen. Ein Handbuch. Grundwissen für Theologinnen und Theologen, München 1991, S. 211-213; THOMAS BENNER, Gottes Namen anrufen im Gebet. Studien zur Acclamatio nominis Dei und zur Konstituierung religiöser Subjektivität [PaThSt 26], Paderborn / München / Wien / Zürich 2001, S. 309 f.).

[2] Vgl. dazu auch die Ausführungen von FOLKART WITTEKIND, Theologie religiöser Rede. Ein systematischer Grundriss, Tübingen 2018, S. 56.

de, Rechtfertigung, Sünde und Offenbarung. Eine solche Sprachwelt ist geprägt von immer wiederkehrenden Erzählungen. Ich wachse in diese Sprachwelt Christentum hinein, so wie ich in meine Muttersprache hineingewachsen bin. Erst brabbelnd, indem ich die Laute der Eltern nachahme, ohne sie überhaupt verstehen zu können. Und wie in der Muttersprache, so wird auch in der Sprachwelt Christentum mein Denken und Reden von dem geprägt sein, was ich erfahren habe. Wenn ich allerdings nicht in die christliche Sprachwelt hineinwachse, wird sie mir wie eine Fremdsprache erscheinen, wenn ich mit ihr in Berührung komme.[3] Das ist zum Beispiel die Realität vieler Schülerinnen und Schüler, denen ich im Religionsunterricht begegne: Das Christentum wirkt für sie wie eine Fremdsprache, wie Latein: altertümlich, formelhaft, voraussetzungsreich.[4]

Je stärker meine religiöse Sozialisation ausgebildet ist, je mehr ich also im Elternhaus oder in der Kirchengemeinde mit der Bibel, mit christlichen Geschichten, Liedern und Gottesdiensten in Austausch komme, desto stärker wird meine religiöse Sprache davon angereichert und geprägt sein. Umgekehrt gilt: Je weniger ich in meiner Kindheit und Jugend mit dem Christentum vertraut gemacht wurde, desto weniger wird meine religiöse Sprache von dieser Sprachwelt geprägt sein.[5]

1. Glaubenserfahrungen in vergangener Zeit: geprägte religiöse Sprache

An Bekehrungsberichten lässt sich durch die Jahrhunderte hindurch zeigen: Religiös stark sozialisierte Menschen sprechen oft auf eine sehr geprägte Art und Weise von ihren eigenen Glaubenserfahrungen. Teilweise geschieht dies in einer so standardisierten Art und Weise, dass man berechtigte

---

[3] Religiöse Sprache kann also als etwas Lehr- und Lernbares angesehen werden. Dabei müssen nicht notwendigerweise lexisch spezifisch religiöse Begriffe verwendet werden, vielmehr kann Sprache auch deshalb als religiöse Sprache charakterisiert sein, dass in einer ganz bestimmten Art und Weise von der Wirklichkeit gesprochen wird (vgl. Stefan Altmeyer, Exploring the unknown. The language use of German RE-students writing texts about God, in: BJRE 37 [2015], S. [20-36] 20-23).

[4] Dieses Bild verwenden Julia Kraft und Stefan Altmeyer, Sag's doch einfach! ... In deinen eigenen Worten, in: KatBl 142 (2017), S. (281-283) 282.

[5] Detailliert wird diese Entwicklung beschrieben von Gert Pickel, Ist Reden über Religion religiös? Anmerkungen zur Existenz einer säkularen Schweigespirale, in: Miriam Rose / Michael Wermke (Hg.), Religiöse Rede in postsäkularen Gesellschaften (Studien zur Religiösen Bildung, Bd. 7), Leipzig 2016, S. (57-88) 75-78.

Zweifel daran haben kann, ob diese Glaubenserfahrungen tatsächlich gemacht wurden.

Als eine berühmte Glaubenserfahrung gilt der sogenannte ›reformatorische Durchbruch‹ Martin Luthers. In seinem viele Jahre später verfassten Bericht darüber schreibt der Reformator:

»Endlich achtete ich in Tag und Nacht währendem Nachsinnen durch Gottes Erbarmen auf die Verbindung der Worte, nämlich: ›Die Gerechtigkeit Gottes wird in ihm [sc. dem Evangelium] offenbart, wie geschrieben steht, »Der Gerechte lebt aus dem Glauben« [Hab 1,4]‹. Da habe ich angefangen, die Gerechtigkeit Gottes als die zu begreifen, durch die der Gerechte als durch Gottes Geschenk lebt, nämlich aus Glauben: ich begriff, dass dies der Sinn ist: Offenbart wird durch das Evangelium die Gerechtigkeit Gottes, nämlich die passive, durch die uns Gott, der Barmherzige, durch den Glauben rechtfertigt, wie geschrieben steht: ›Der Gerechte lebt aus dem Glauben‹.

Nun fühlte ich mich ganz und gar neugeboren und durch offene Pforten in das Paradies selbst eingetreten. Da zeigte sich mir sogleich die ganze Schrift von einer anderen Seite. Von daher durchlief ich die Schrift, wie ich sie im Gedächtnis hatte, und las auch in anderen Ausdrücken die gleiche Struktur [...].«[6]

Wir sehen hier erstens: Die Glaubenserfahrung, die Luther macht, hängt ganz eng zusammen mit seiner Lektüre der biblischen Schriften. Er vertieft sich in einer fast manischen Weise in die Schriften und findet dadurch seine religiöse Erkenntnis.

Zweitens sind die Worte, die Luther zur Beschreibung seiner Glaubenserfahrung benutzt, stark geprägt: Luther fühlt sich neu geboren - ein typisch christlicher Topos für die Wiedergeburt in der Taufe -, er sieht sich eintreten durch die Pforten des Paradieses. Schließlich ist auch seine Erkenntnis eigentlich nichts anderes als die Wiederentdeckung eines paulinischen Gedankens: die Gerechtigkeit Gottes, die dem Menschen durch den Glauben als Geschenk von Gott zugeeignet wird.

Und wir stoßen hier noch auf ein drittes Phänomen, insofern Berichte von Glaubenserfahrungen immer zunächst einmal *Behauptungen* sind. So ist es auch bei Luther umstritten, ob dieses sogenannte Turmerlebnis überhaupt stattgefunden hat. Der Kirchenhistoriker Volker Leppin kann zeigen,

---

6 Martin Luthers Vorrede zur 1545 begonnenen Gesamtausgabe seiner lateinischen Schriften, in: WA 54, S. (179-187) 185,28-186,18.

dass dieser Bericht Luthers inhaltlich wie sprachlich deutliche Parallelen zu anderen Bekehrungsberichten Luthers oder anderer christlicher Theologen aufweist.[7] Leppin geht davon aus, dass sich in solchen Bekehrungsberichten oft Erfahrungen von Menschen verdichten, die sie über einen langen Zeitraum gemacht haben. Diese Glaubenserfahrungen rekonstruieren sie und geben sie dann »autobiographisch-punktuell« als ein einziges Ereignis wieder, wobei sie sich dabei bestimmter literarischer Traditionen bedienen.[8]

2. Erfahrungen unmittelbar zum Ausdruck bringen: Theologie der Kinder

Würden heute Menschen noch so wie Luther von ihren Glaubenserfahrungen sprechen? Vielleicht in bestimmten freikirchlichen Kreisen, wo ein persönliches Bekehrungserlebnis und das Zeugnis davon von den Glaubenden erwartet wird. Auch dort finden sich oft ähnliche Muster wieder, die wiederum an der Authentizität solcher Glaubenserfahrungen zweifeln lassen.

Wie sprechen aber Menschen von ihren Glaubenserfahrungen, die noch kaum in Berührung mit kirchlichem Vokabular und biblischen Vorstellungen gekommen sind? Man kann dies etwa zeigen an Wortbeiträgen von Kindern zum Thema Religion. Der Tübinger Religionspädagoge Friedrich Schweitzer bringt in seinem Buch »Kindertheologie und Elementarisierung« mehrere Beispiele von Kindern, die von Gott sprechen.

Deborah, vier Jahre alt, sagt: »Gott ist bei Sonne und Mond. Er ist groß, hat ein gelbes Kleid und Ohren wie ein Elefant, damit er alles hört, was wir beten, auch durcheinander.«[9]

Die elfjährige Marlene redet so von Gott: »Ich stelle mir Gott als Schmetterling vor, weil ein Schmetterling farbenprächtig ist, und das ist edel. Und Gott ist edel.«[10]

Kinder fassen Glaubenserfahrungen auf ihre ganz eigene Art und Weise in Worte. Sie sind dabei wenig vom religiösen Vokabular des Christentums geprägt. Sie greifen Vorstellungen aus ihren konkreten Erfahrungen auf: Deborah spricht von großen Elefantenohren, mit denen man viel hören kann.

---

7 Vgl. Volker Leppin, Martin Luther (Gestalten des Mittelalters und der Renaissance), Darmstadt ²2010, S. 111-113.

8 Vgl. a.a.O., S. 115 f.

9 Friedrich Schweitzer, Kindertheologie und Elementarisierung. Wie religiöses Lernen mit Kindern gelingen kann, Gütersloh 2011, S. 140.

10 A.a.O., S. 141.

Marlene denkt an einen farbenprächtigen und edlen Schmetterling. Vielleicht hat sie einen solchen Schmetterling neulich auf der Wiese bewundert und hat diese Erfahrung später mit ihrer Vorstellung von Gott zusammengebracht. Die im besagten Band abgedruckten bildlichen Darstellungen der beiden Mädchen zeigen, wie real sie ihre eigenen Gottesvorstellungen denken. Da sich das Symbolverständnis entwicklungspsychologisch erst langsam entwickelt, wird man davon ausgehen können, dass sich die vierjährige Deborah Gott real als ein Wesen mit Elefantenohren denkt, während die elfjährige Marlene bereits in ihrer Einführung unterstreicht, dass es sich um ihre persönliche Gottesvorstellung handelt und dass sie hier einen Vergleich anstellt: »*Ich* stelle mir Gott *als* Schmetterling vor ...« Der Vergleichspunkt ist dabei eine Wesenseigenschaft Gottes: In den Augen von Marlene ist Gott edel - wie ein Schmetterling edel ist.

3. Die Individualisierung religiöser Sprache

Freilich zeigt sich in Zeiten stetig abnehmender religiöser Sozialisation, dass die Glaubensvorstellungen von Kindern, Jugendlichen und auch Erwachsenen, wenn sie überhaupt vorhanden sind, nur noch rudimentär mit christlich geprägten Glaubensvorstellungen übereinstimmen. Man kann die rapide abnehmende religiöse Sozialisation und die damit einhergehende Individualisierung mit Sorge sehen. So urteilt Gert Pickel: »Ohne eine fehlende Rückbindung an religiöses Wissen und religiöse Netzwerke bleibt jegliche Religiosität diffus und vor allem hochgradig fluide.«[11]

Diese Entwicklung der religiösen Sprache muss aber nicht zwingend als Verfallsgeschichte gelesen werden.[12] Sie lässt sich auch als eine Emanzipa-

---

11 Vgl. G. PICKEL, Ist Reden über Religion religiös? (s. Anm. 5), S. 78.

12 STEFAN GÄRTNER hält etwa fest, dass die Theologie »zunehmend mit individualisierten Religionsstilen konfrontiert ist. Dies muss nicht als Verfall gläubiger Identität gewertet werden, sondern es ist zunächst Ausdruck der Pluralisierung und Segmentierung von Religion in der modernen Gesellschaft.« (DERS., Gottesrede in (post)-moderner Gesellschaft. Grundlagen einer praktisch-theologischen Sprachlehre, Paderborn / München / Wien / Zürich 2000, S. 225) Im Hinblick auf den Religionsunterricht kann LENA TACKE die Heterogenität religiösen Redens gar als Ressource begreifen, da durch sie »die einzelne Stimme innerhalb der Vielfalt klarer und konturierter wahrgenommen wird« (DIES., Das Entdecken neuer Sprachwelten – Grundlinien einer heterogenitätssensiblen Sprachbildung im Religionsunterricht, in: Reli-

tion begreifen. So sind es heute nicht mehr religiöse Autoritäten wie Priester oder Pfarrer, die die Sprache und Symbolwelten vorgeben, in denen Menschen von ihrem Glauben zu sprechen haben.[13]

Trifft diese Deutung zu, ist die individualisierte Entwicklung religiöser Sprache gerade aus Sicht einer liberalen Theologie durchaus zu befürworten. Ist es doch ein zentrales Anliegen der Aufklärung und auch der liberalen Theologie, dass Menschen nicht auf vorgefertigte Formulierungen zurückzugreifen haben, wenn sie von ihren religiösen Erfahrungen erzählen. Es ist ihnen vielmehr möglich, einen »mündigen und selbstbestimmten Umgang mit religiösen Ideen« zu pflegen.[14] Voraussetzung dafür ist allerdings, dass diese Menschen überhaupt bestimmte religiöse Vorstellungen kennenlernen, um dann selbstbestimmt zu einer eigenen Glaubensüberzeugung zu kommen – für mich ein zentrales Argument dafür, dass es auch weiterhin Religionsunterricht an den Schulen braucht.

Zugleich gehen mit dieser Freiheit in der religiösen Sprache auch Schwierigkeiten einher. Ist es ja doch ein komplexes Unterfangen, von den eigenen religiösen Erfahrungen und Vorstellungen zu reden, ohne auf bereits etablierte und geprägte Sprache und Narrative zurückzugreifen. Das ist ein kreativer Prozess, der einige Mühe abverlangt. So rücken der Glaubende selbst und seine individuelle Spiritualität in den Fokus spätmoderner

---

gionspädagogische Beiträge. Journal for Religion and Education, Jg. 45 [2022], S. [101-110] 108).

13 Vgl. Markus Hero unter Bezugnahme auf Thomas Luckmann: ders., Postmoderne Religiosität und Spiritualität, in: Handbuch Sprache und Religion, hg. v. Alexander Lasch u. Wolf-Andreas Liebert (Handbücher Sprachwissen, Bd. 18), Berlin / Boston 2017, S. (222-237) 222.
M. E. scheint manche Kritik an der ›individualisierten‹ religiösen Rede die Prämisse zu implizieren, religiöse Sprache sei immer schon geprägt gewesen. Diese Annahme wäre allerdings ahistorisch: Schließlich gehen etwa den ›heiligen Texten‹ der Schriftreligionen, in denen sich solche geprägte Sprache manifestiert hat, Glaubenserfahrungen und mündliche Artikulationen von Frömmigkeit voraus, die zunächst ebenfalls individuell in Worte gefasst bzw. in komplexen Kommunikationsprozessen ausgebildet werden mussten (vgl. dazu Hans-Martin Barth, Theorie des Redens von Gott. Voraussetzungen und Bedingungen theologischer Artikulation, Göttingen 1972, S. 35).

14 M. Hero, Postmoderne Religiosität und Spiritualität (s. Anm. 13), S. 226.

Religion. Hubert Knoblauch spricht von einer »entschiedene[n] Orientierung an den subjektiven Erfahrungen«.[15]

4. Welche Art von Glaubenserfahrungen machen Menschen heute?

Geht man davon aus, dass für religiöse Menschen heute ihre eigenen Erfahrungen von größerer Bedeutung sind als überkommenes Traditionsgut, dann stellt sich allerdings die Frage, welcher Art diese Glaubenserfahrungen sind.[16]

Hier stehen wir vor einer gewissen Schwierigkeit, da viele Menschen nicht überall frei heraus von ihren Glaubenserfahrungen erzählen. In religionssoziologischen Studien wie etwa den Kirchenmitgliedschaftsuntersuchungen der EKD wird immer wieder festgestellt, dass Menschen ihre religiösen Fragen und Erfahrungen wenn überhaupt, dann im Kreis der Familie

---

15 Hubert Knoblauch, Einleitung: Soziologie der Spiritualität, in: ZfR 13 (2005), S. (123-131) 129.

16 Zu diskutieren wäre hier die Frage, welchen Stellenwert man der religiösen Erfahrung als einer Grundlage der Theologie einräumt. So meint Folkart Wittekind etwa bei liberalen Theologien feststellen zu können, dass deren theologische Grundlegung »von der Behauptung einer religiösen Erfahrung oder eines unbezweifelbaren Glaubenserlebnisses im Menschen aus[geht]« (ders., Theologie religiöser Rede [s. Anm. 2], S. 60). Wittekind selbst lehnt die Glaubenserfahrung wegen ihres Behauptungscharakters als erkenntnistheoretischen Grundlagenbegriff für die Theologie als Wissenschaft ab. Freilich wendet er sich damit gegen den Ansatz Schleiermachers, für den die Darstellung der »inneren Erfahrungen des frommen Selbstbewusstseins« als das »deskriptive Kriterium« einer Dogmatik galt – neben dem »systematischen Kriterium« der Lehrtradition (Ulrich Barth, Symbole des Christentums. Berliner Dogmatikvorlesung, hg. v. Friedemann Steck, Tübingen 2021, S. 23). Schließt man allerdings mit Wittekind die Erfahrung als Grundlage der Theologie aus, verkennt man, dass die biblischen Inhalte (vermittelt durch mündliche Überlieferung) ja ebenfalls auf religiösen Erfahrungen beruhen. Will man allein die biblischen Aussagen also zu einer Grundlage der Theologie machen, muss man mit einem mit historisch-kritischem Denken nicht vereinbaren Inspirationsverständnis der ›kanonischen‹ Schriften arbeiten (vgl. ders., Theologie religiöser Rede [s. Anm. 2], S. 105-109) – missachtend, dass auch diese auf (behaupteten) religiösen Erfahrungen fußen.

oder der engsten Freunde besprechen.[17] Hier spielt sicherlich auch der Umstand hinein, dass sich gegenwärtig Religion für viele Menschen mit Scham verbindet: Geht es doch oft um sehr persönliche Themen, und man zeigt sich verletzlich und angreifbar, wenn man etwas von seinen individuellen Glaubenserfahrungen preisgibt.[18]

Zudem herrscht in nicht wenigen Religionsgemeinschaften und auch bestimmten christlichen Kirchen und Gemeinden ein Klima, das Menschen an der freien Äußerung ihrer Vorstellungen und Gedanken hindert: aus Furcht davor, etwas ›Falsches‹, den jeweils geltenden Glaubensnormen Widersprechendes zu äußern.

Auch in unserer kirchlichen Landschaft werden Glaubenden noch zu wenig Möglichkeiten des Austausches über eigene Glaubenserfahrungen gegeben. So läuft es etwa beim agendarischen Sonntagsgottesdienst noch zu oft auf ein monologisches, durch die Pfarrperson dominiertes Geschehen hinaus.[19] Erfahrungen des echten Austausches dagegen macht man häufiger *nach* den eigentlichen Veranstaltungen, wie etwa beim Kirchenkaffee nach dem Gottesdienst.

Doch was sind nun Glaubenserfahrungen, über die Menschen heute ins Gespräch kommen? Was ist der Inhalt religiöser Kommunikation? Als Menschen in der aktuellen Kirchenmitgliedschaftsuntersuchung danach befragt wurden, was für sie ein »religiöses Thema« ist, wurden in aufsteigender Häufigkeit genannt: die Natur, Werte wie Gerechtigkeit, Freiheit und Frieden, Schuld, die Geburt eines Kindes, das Recht auf Leben, der Sinn des Lebens,

---

17 GERT PICKEL fasst die diesbezüglichen Ergebnisse der V. Kirchenmitgliedschaftsuntersuchung der EKD von 2012 so zusammen: »Religiöse Kommunikation [...] ist üblicherweise privat und findet fast ausschließlich mit Personen statt, denen man großes Vertrauen entgegenbringt. Dies sind in der Regel enge Familienangehörige und der Lebenspartner.« (DERS., Ist Reden über Religion religiös? [s. Anm. 5], S. 66; vgl. auch dazu Abb. 3 ebd.)

18 KRISTIAN FECHTNER hat diesem Zusammenhang eine Studie gewidmet: DERS., Diskretes Christentum. Religion und Scham, Gütersloh 2015.

19 JULIA KOLL schreibt, dass selbst bei den durch die Pandemie notwendig gewordenen digitalen gottesdienstlichen Formaten »Pfarrerzentrierung statt Kooperation« vorherrscht. »Schmerzlich tritt gerade zu Tage, wie sehr sowohl der religiösen Rede als auch den gottesdienstlichen Formen eine Feedbackkultur fehlt.« (DIES., Elementar, experimentell und energiebewusst. Ein Plädoyer für die Zukunft des gottesdienstlichen Lebens, in: PTh 109 [2020], S. [314-330] 329)

Fragen von Sterbehilfe, Anfang der Welt und von den meisten Leuten genannt: der Tod.[20]

Traditionelle christliche Inhalte und Begriffe wie Gnade, Erlösung, Rechtfertigung sucht man hier vergebens. Innerhalb von gängigen kirchlichen Formaten, so kann man also konstatieren, werden oftmals Fragen in den Vordergrund gestellt, die sich die Menschen so nur noch selten stellen.[21] Man wird sich, so lautete eine Forderung bereits vor 25 Jahren, »innerhalb der Kirchen darüber verständigen müssen, wie die zum Teil erheblichen Differenzen zwischen der Theologenschaft einerseits und den nichttheologischen Gläubigen andererseits ausgehalten werden können«.[22] Eine vergleichende Studie zur Korrelation von Lebensalter und Glaube hielt bereits damals fest, dass jüngere Menschen »ein traditionelles Glaubenskonzept eher ab[lehnen]«, und bei ihnen Gott »kaum noch als eine Instanz gilt, die gleichzeitig Gerechtigkeit und Vergebung bzw. Gnade walten lassen kann«. Auch mythologische Vorstellungen von Himmel, Hölle oder Teufel seien bei jüngeren Menschen kaum noch anzutreffen.[23]

Die in der Kirchenmitgliedschaftsuntersuchung befragten Menschen empfinden also, dass bestimmte Aspekte ihres je eigenen Lebens, ihrer eigenen Existenz eine religiöse Qualität haben. Man könnte daraus den Schluss ziehen, dass Menschen heute viel stärker auf das Diesseits bezogen und an den »Kontingenzen des Alltagslebens« interessiert sind als an den

---

[20] Vgl. Abb. 2 »Themen religiöser Kommunikation« bei G. Pickel, Ist Reden über Religion religiös? (s. Anm. 5), S. 65.

[21] Dies wurde bereits vor über 50 Jahren festgestellt; vgl. Hans Zirker, Sprachprobleme im Religionsunterricht, Düsseldorf 1972, S. 17. 22 f. 79 f.; s. dazu Georg Langenhorst, Bemüht »um das Finden von neuen Bildern« (Silja Walter): sprachfähig werden in Sachen Religion, in: Andrea Schulte (Hg.), Sprache. Kommunikation. Religionsunterricht (Studien zur religiösen Bildung, Bd. 15), Leipzig 2018, S. (91-113) 91 f.

[22] Albrecht Rademacher / Klaus-Peter Jörns, Antworten von Pfarrerinnen/Pfarrern der Evangelischen Kirche in Berlin-Brandenburg sowie von Berliner Theologiestudierenden, in: Klaus-Peter Jörns / Carsten Großeholz (Hg.), Was die Menschen wirklich glauben. Die soziale Gestalt des Glaubens – Analysen einer Umfrage, Gütersloh 1998, S. (195-257) 257.

[23] Vgl. Bernhard Dieckmann / Carmine Maiello, Glaube und Lebensalter. Zusammenhänge religionssoziologischer Merkmale mit dem Lebensalter, in: Was die Menschen wirklich glauben (s. Anm. 22), S. (53-79) 77.

sogenannten »letzten Fragen«.[24] Doch das scheint mir etwas kurz gegriffen. Zwar ist der Bezug zum Jenseits, zur Erlösung nicht so klar gegeben. Dennoch können sich die letzten Fragen ja gerade auch aus der menschlichen Existenz heraus stellen. Denn die in der Kirchenmitgliedschaftsuntersuchung aufgezählten Themen religiöser Kommunikation lassen doch einen klaren Bezug zu den sogenannten letzten Fragen erkennen: Grenzen des Lebens wie Geburt, Sterben und Tod werden als religiös relevant angesehen wie die Frage nach dem Sinn des Lebens oder der Herkunft der Welt und damit der Schöpfung.

5. Geburt: ein Beispiel heutiger religiöser Erfahrung

Es gilt also, die religiösen Dimensionen der menschlichen Existenz zu ergründen und diese zum Ausgangspunkt unserer religiösen Rede zu machen. So schreibt beispielsweise Johann Hinrich Claussen zur Geburt eines Kindes: »Keine andere Begegnung ist so erschütternd und ergreifend, begeisternd und beglückend wie diejenige mit einem neugeborenen Kind. Darum ist es keine Blasphemie zu sagen, daß die Geburt eines Kindes ein kleines, auf normalmenschliches Maß gebrachtes Offenbarungserlebnis sein kann. Sie durchbricht den alltäglichen Lauf der Dinge und führt zurück an die Quelle des Lebens. Sie vollzieht eine plötzliche Umwertung aller bisherigen Werte und schenkt das, was man so lange vermißt hat: die Ahnung eines unbedingten Lebenssinnes. Bei jedem, der religiös auch nur geringfügig musikalisch ist, bringt sie große Glaubensgefühle zum Klingen.«[25]

Zunächst einmal zeigt sich hier, mit welchen Befürchtungen sich offenes religiöses Reden von den eigenen Glaubenserfahrungen bei vielen verbindet. Claussen muss erst einmal versichern, dass es »keine Blasphemie« sei, von der Geburt des eigenen Kindes als Glaubenserfahrung zu reden. Zu dominant scheinen wohl vielen die vermeintlich echten Offenbarungen zu sein, als dass ihre »normalmenschliche« Erfahrung überhaupt einen Wert hätte.

Wenn also die Geburt eines Kindes tatsächlich einer der Momente ist, wo viele Menschen heute religiöse Erfahrungen machen, dann wäre es doch sehr sinnvoll, mit ihnen über genau diese Erfahrungen ins Gespräch zu

---

[24] So tut es u.a. M. HERO, Postmoderne Religiosität und Spiritualität (s. Anm. 13), S. 227.

[25] JOHANN HINRICH CLAUSSEN, Zurück zur Religion. Warum wir vom Christentum nicht loskommen, München 2006, S. 246.

kommen. Vielleicht fassen manche von ihnen dann erstmals in Worte, was sie in dieser Situation empfunden haben.

Sodann bieten sich durchaus Anknüpfungspunkte, diese individuellen Glaubenserfahrungen wiederum auf ihren religiösen Sinn hin durchsichtig zu machen und sie in den Kontext christlicher Glaubensüberlieferungen zu stellen. In diesem Beispiel wäre es etwa die »Quelle des Lebens«, auf die uns die Begegnung mit dem Neugeborenen zurückführt, oder aber die »Ahnung eines unbedingten Lebenssinnes«, wie Claussen schreibt.

Ich greife den eingangs erwähnten Zirkel von Glaubenserfahrungen und religiöser Sprache wieder auf: Glaubenserfahrungen werden vor dem Hintergrund einer bereits (wie rudimentär oder differenziert auch immer) erlernten religiösen Sprache innerhalb unseres Lebens gemacht. So wird nicht die abstrakte, in Texte geronnene ›Offenbarung‹ der biblischen Texte uns zur eigenen Erfahrung, sondern wir haben je eigene »normalmenschliche« Offenbarungserlebnisse, von denen wir unter Rückbezug auf die uns bekannte christliche Sprach- und Symbolwelt reden können.[26] Demgemäß schreibt Claussen: »Gott offenbart sich nicht an und für sich, sondern er kommt im Menschen zum Menschen. In den alten Texten ist es nachzulesen, und in den heutigen Gottesdiensten wird es weiterhin verkündigt: Gott ist mächtig und voller Liebe, seine Kraft ist groß und seine Güte alle Tage neu. Doch anschaulich, sichtbar und lebendig werden diese Sätze erst dort, wo sie in der Begegnung mit einem konkreten Menschen zur wirklichen Erfahrung gelangen.«[27]

6. Ein Paukenschlag: Verreckt die Kirche an ihrer Sprache?

Von der Analyse heutiger Glaubenserfahrungen zurück zur Ausgangsfrage: Wie finden wir eine neue religiöse Sprache? Oder anders formuliert: Wie finden wir eine religiöse Sprache, die den Glaubenserfahrungen heutiger Menschen gerecht wird?

Vor einigen Jahren wurde ein Buch von Erik Flügge zum Bestseller: »Der Jargon der Betroffenheit. Wie die Kirche an ihrer Sprache verreckt«. Wie meist bei solchen populärwissenschaftlichen Werken wird ein Umstand

---

[26] Die Religion stellt in der modernen Gesellschaft also »einen symbolischen Apparat bereit«, mit dem »Differenz- und Grenzerfahrungen [...] als Transzendenzerfahrungen auf unterschiedlichen Ebenen« verarbeitet werden können (S. GÄRTNER, Gottesrede in (post)-moderner Gesellschaft [s. Anm. 12], S. 227).

[27] J. H. CLAUSSEN, Zurück zur Religion (s. Anm. 25), S. 246.

stark zugespitzt und die Problematik insgesamt verkürzt. Kurzum: Ich halte die Frage nach der religiösen Sprache innerhalb der Kirche für relevant, aber sie ist sicher nicht der einzige Grund, »warum die Kirche verreckt« – wenn dies überhaupt geschieht.[28] Ich würde hier eher sagen: Wir befinden uns in einem umfassenden Wandel der Kirche, der vielfältige historische, gesellschaftliche und weltanschauliche Gründe hat.

Aber sei es drum: Erik Flügge hat in vielen Punkten Recht mit seiner Kritik an der Sprache der Kirche, mit der wir häufig etwa in Gottesdiensten konfrontiert werden. Und dabei geht es ihm nicht nur um die sogenannte ›Sprache Kanaans‹ – also bestimmte Begriffe, die man außerhalb der kirchlichen Blase überhaupt nicht verwenden würde. Eine Sprache, die allzu geschwollen und veraltet daherkommt.[29]

Flügge nimmt noch eine andere Art der Kirchensprache ins Visier: Er nennt Beispiele von Predigten, in denen nur noch Belanglosigkeiten aneinandergereiht werden und die für die Hörerinnen und Hörer nichtssagend und banal bleiben: »Jesus lädt dich ein – ja, auch dich. Er lädt dich ein zum gemeinsamen Mahl. Zu dem Mahl, wie er es mit seinen Jüngern geteilt hat. Das Teilen von Brot und Wein in der Gemeinschaft. Eine Gemeinschaft, die sich gegenseitig bestärkt und aufeinander vertrauen kann.«[30]

Als er nach Gründen für diese Belanglosigkeit in der kirchlichen Sprache sucht, macht Flügge eine interessante Beobachtung. So würden konservative Pfarrpersonen aus seiner Sicht oft besser predigen, da bei ihnen persönlicher Glaube und kirchliche Lehren in Einklang stünden. Sie müssten daher nicht von etwas sprechen, hinter dem sie selbst gar nicht stehen.

Liberale Theologen dagegen »verweigern den Gehorsam gegenüber einer Lehre, die jedweden Bezug zur gesellschaftlichen Realität verloren hat«. Sie haben nach Flügge zwar »das Potenzial, größere Reichweiten zu erzie-

---

[28] Darüber hinaus wurde die Kritik geäußert, dass weder Flügges Problemanzeige neu, noch dass seine Lösungsvorschläge sonderlich innovativ wären (vgl. GEORG LANGENHORST, Das Wort Gott – ein »Wirkwort« [Andreas Knapp]. Literarische Sprach-Schulungen für Theologie und Religionspädagogik, in: Frederike van Oorschot / Simone Ziermann [Hg.], Theologie in Übersetzung? Religiöse Sprache und Kommunikation in heterogenen Kontexten [Öffentliche Theologie, Bd. 36], Leipzig 2019, S. [127-142] 128 f.).

[29] FLÜGGE rät u.a. dazu, nach dem Vorbild der Gleichnisse Jesu mit Bildern aus der Alltagswelt der heutigen Hörenden von Gott zu sprechen (vgl. DERS., Der Jargon der Betroffenheit. Wie die Kirche an ihrer Sprache verreckt, München [5]2016, S. 10).

[30] A.a.O., S. 15.

len«, allerdings können oder wollen sie oft nicht so sprechen, wie sie es müssten. Das liegt zum einen daran, dass sie Gefahr laufen, ihre berufliche Existenz aufs Spiel zu setzen, wenn sie gegen die Lehren der Amtskirche und die Bekenntnisse predigen, auf die sie einst ordiniert wurden.[31]

Zum anderen, und damit gehe ich über Flügge hinaus, sind viele Positionen der liberalen Theologie nur einem kleinen Kreis von Eingeweihten überhaupt verständlich. Wenn etwa auch im Kreis des Bundes für Freies Christentum von einem panentheistischen oder von einem transpersonalen Gott geredet wird – welcher Nichttheologe würde das verstehen? Auch in der Zeitschrift »Freies Christentum« wurde vor einigen Monaten die Forderung in einem Leserbrief laut, die Artikel sollten doch wieder etwas allgemeinverständlicher werden. Die liberale Theologie steht also vor einer Übersetzungsaufgabe.[32]

Doch Flügge übt nicht nur Kritik, sondern gibt auch vier Impulse, die für die Frage nach einer neuen religiösen Sprache wichtig sind: Aus seiner Sicht brauchen Predigten Relevanz, starke Emotionen, Pointiertheit und theologische Substanz. Erstens bedeutet für ihn *Relevanz*, keine banalen Geschichten aus dem Alltag als Laderampe erzählen, sondern etwa zu den aktuell brennenden gesellschaftlichen Themen Stellung nehmen. Flügge ermutigt zweitens zu *starken Emotionen* in unserer Rede von Gott und dem Glauben: Man sollte von dem reden, was einen selbst wirklich anrührt, zornig macht oder begeistert – und man sollte diese Emotionen auch zeigen, will man überzeugend sein. Drittens: *Pointierheit.* Nicht »lange um den heißen Brei herumreden«, sondern »direkt freiheraus sag[en], was man denkt und ausdrücken will«. Und schließlich viertens fordert Flügge *theologische Substanz* – er hält es für »unabdingbar«, dass man hinter dem stehen kann, was

---

[31] A.a.O., S. 48 f.

[32] Noch herausfordernder wird diese Aufgabe, nimmt man die berechtigte Forderung von Jürgen Habermas ernst: Um in gesellschaftlichen Diskursen relevant zu sein, solle man religiöse Überzeugungen schließlich auch in eine säkulare Sprache übersetzen können (vgl. dazu Christiane Tietz, Habermas's Call for Translating Religion into Secular Language, in: Michael P. deJonge / dies. [Hg.], Translating Religion. What is Lost and Gained? [Routledge studies in religion, Bd. 47], New York 2015, S. 104-122; Martina Kumlehn, Zwischen Babel und Pfingsten. Übersetzen zwischen Sprachwelten als Kernaufgabe sprachsensibler Theologie, in: JRP 37: Sprachsensibler Religionsunterricht, hg. v. Stefan Altmeyer u.a., Göttingen 2021, S. [30-41] 31, mit weiterführender Literatur in Anm. 8).

man sagt. Zudem sollte es keine Individualmeinung des Predigenden sein, sondern auch theologisch verantwortet sein.[33]

7. Weitere Herausforderungen für eine religiöse Sprache der Gegenwart

Ich möchte noch einmal exemplarisch auf zwei aktuelle Entwicklungen, die unsere Sprache insgesamt betreffen, eingehen: die sogenannte gerechte Sprache und die sogenannte einfache bzw. leichte Sprache.

Die Anliegen der gerechten Sprache wurden u.a. im Projekt einer Übertragung der Bibel in »gerechter Sprache« umgesetzt. Deren Ziel war es, »dem Ausgangstext gerecht zu werden und gleichzeitig verständlich zu sein«, wobei man »›Gerechtigkeit‹ in der Wahrnehmung der Geschlechter, der sozialen Gegebenheiten der antiken Welt und durch Berücksichtigung der Einsichten des jüdisch-christlichen Dialogs«[34] anstrebte. Diese Anliegen werden innerhalb der evangelischen Kirche und Theologie bereits seit vielen Jahren verfolgt und zum Teil auch kontrovers diskutiert. Auch gesamtgesellschaftlich erleben wir derzeit immer wieder emotionale Debatten etwa über die Genderfrage. An dieser Stelle muss allerdings eine Problemanzeige ausreichen, dass sich eine ›neue religiöse Sprache‹ auch mit dieser Thematik auseinanderzusetzen hat.

Anliegen der einfachen Sprache ist es, so verständlich zu formulieren, dass es auch Menschen mit geringeren Sprachfähigkeiten und kognitiven Schwächen verstehen. Fortgeführt und standardisiert wird dies in der sogenannten leichten Sprache. Auch in kirchlichen Angeboten begegnet die einfache bzw. leichte Sprache immer häufiger - etwa in speziellen Gottesdiensten in leichter Sprache auf dem Kirchentag. Für die Frage nach einer neuen religiösen Sprache ist sie vor allem deswegen relevant, weil sie dazu anhält, möglichst elementar von Gott und dem Glauben zu reden. Neben der sprachlichen Verständlichkeit wird gefordert, Fachbegriffe zu vermeiden und in

---

33 E. FLÜGGE, Der Jargon der Betroffenheit (s. Anm. 29), S. 69-73.

34 CHRISTINE GERBER / BENITA JOSWIG / SILKE PETERSEN, Einleitung, in: dies. (Hg.), Gott heißt nicht nur Vater. Zur Rede über Gott in den Übersetzungen der »Bibel in gerechter Sprache« (BThS 32), Göttingen 2008, S. (7-12) 7.

eigenen Worten zu sprechen.[35] Allerdings gilt es dabei den schmalen Grad zwischen elementarer und banaler Rede zu beachten. Die Forderung nach Einfachheit verführt nicht selten dazu, in eine naive oder biblizistische Sprache zu verfallen.[36]

8. Wie finden wir eine neue religiöse Sprache?

Nochmals die Frage: Wie kann religiöse Kommunikation unter den Bedingungen der spätmodernen Gesellschaft und des veränderten, individuellen Glaubenslebens vieler Menschen gelingen?

Und diese Frage stellt sich ja nicht nur Pfarrpersonen, sondern eigentlich jedem Christen und jeder Christin: Wie kann ich mit anderen ins Gespräch über meinen Glauben kommen? Gerade auch im Alltag und jenseits der Kirchenmauern?

Hier legt es sich nahe, von Glaubenserfahrungen so zu reden, wie Menschen sie heute tatsächlich machen. Die Empirie zeigt deutlich: Häufig gehen Themen traditioneller christlicher Verkündigung an der Lebensrealität der Menschen und ihren religiösen Erfahrungen und Fragestellungen vorbei. Deshalb kann es bei der »Suche nach [einer] religiöse[n] Gegenwartssprache« auch nicht um Übersetzungen eines gegebenen Traditionsbestandes gehen, sondern »um kreative sprachliche Neuversuche«.[37]

Innerhalb der Praktischen Theologie und auch im Selbstverständnis vieler Landeskirchen ist es verbreitet, kirchliches Handeln von der »Kommunikation des Evangeliums« her zu denken.[38] Ob diese Kommunikation des Evangeliums allerdings gelingt, wird auch davon abhängen, wie eng oder weit man diesen Begriff des Evangeliums fasst. Je offener und anschlussfähiger dieser Evangeliumsbegriff für heutige religiöse Erfahrungen ist, desto erfolgversprechender. Nur so wird man die empirisch erkennbare Kluft zwischen christlicher Verkündigung und Lebensrealität heutiger nichttheologischer Glaubender überwinden können.

---

35 Vgl. Regeln für Leichte Sprache, Netzwerk Leichte Sprache, 2017 (URL: <https://www.leichte-sprache.org/wp-content/uploads/2017/11/Regeln_Leichte_Sprache.pdf> [13.9.2022]).

36 Vgl. J. Kraft / S. Altmeyer, Sag's doch einfach! (s. Anm. 4), S. 283.

37 G. Langenhorst, Das Wort Gott (s. Anm. 28), S. 128.

38 S. etwa Uta Pohl-Patalong, Kirche gestalten. Wie die Zukunft der Kirche gelingen kann, Gütersloh 2021, S. 14-19.

9. Abschließende Thesen

1. Religiöse Rede ist heute immer weniger von traditionellen christlichen Vorstellungen und Begriffen geprägt, sondern begegnet zunehmend individualisiert.

2. Diese Entwicklung muss nicht einseitig als Traditionsabbruch gewertet werden, sondern ist auch eine Folge von Reformation und Aufklärung: Menschen können heute befreit von autoritärer Bevormundung religiöse Erfahrungen machen und davon sprechen.

3. Menschen reden von ihren religiösen Erfahrungen zumeist nur in ihrem engsten sozialen Umfeld. Kirche sollte das zum Anlass nehmen, Räume echter Kommunikation über eigene religiöse Erfahrungen zu erweitern oder neu zu schaffen.

4. Erik Flügge fordert zu Recht vier Aspekte ein, die religiöse Rede heute ausmachen sollten: Relevanz, starke Emotionen, Pointiertheit und theologische Substanz.

5. Gerade eine liberale Theologie, die sich bewusst nicht auf veraltete Formeln zurückzieht, muss ihre Einsichten schließlich in die Gegenwartssprache übersetzen können.

6. Neuere Entwicklungen und Debatten, wie etwa die Anliegen der gerechten und der einfachen bzw. leichten Sprache, sollten auch im Hinblick auf eine neue religiöse Sprache wahrgenommen und, wo sie berechtigt erscheinen, beherzigt werden.

7. Menschen machen religiöse Erfahrungen zumeist innerhalb ihrer eigenen Existenz und weitgehend losgelöst von Themen und Begriffen traditioneller christlicher Verkündigung und Lehre.

8. Will Kommunikation des Evangeliums gelingen, muss der Ausgangspunkt all dieser Bemühungen sein, wie und wo Menschen heute religiöse Erfahrungen machen.

Eberhard Martin Pausch

Zwischen Fundamentalismus und Atheismus

Argumente für einen kritischen Glauben

Um das Thema angemessen zu behandeln, dürfte es sinnvoll sein, mit einer doppelten Begriffsbestimmung einzusteigen. Zu klären sind die Begriffe *»Fundamentalismus«* und *»Atheismus«*. Danach lässt sich erkunden, was sich »zwischen« diesen beiden Begriffen bzw. dem von ihnen Gemeinten befindet. Im Laufe dieser Erkundung werden Argumente für einen aufgeklärten Glauben deutlich werden. Abschließend wird gezeigt, auf welcher Art von Fundament ein solcher Glaube existieren kann.

1. Was ist das – Atheismus?

Ich beginne mit dem älteren der beiden Begriffe, dem des *»Atheismus«*. Sowohl der Begriff als auch die gemeinte Sache begegnen bereits in der Antike. Einige griechische Philosophen verstanden sich selbst als »Atheisten«, und einem der größten unter ihnen, Sokrates, wurde »Atheismus« vorgeworfen. In der Antike, im Mittelalter und sogar noch in der frühen Neuzeit konnte der Vorwurf des Atheismus zu einem Todesurteil führen. Denn an die Götter oder zumindest an einen Gott musste man glauben. Wer dies nicht tat und dies öffentlich bekannte, der wurde seitens der herrschenden Religion oder auch seitens des Staates verfolgt und, sofern er nicht seine »Rechtgläubigkeit« beweisen konnte, verurteilt und strengstens bestraft. Damit wird bereits deutlich, was der primäre Sinn des Wortes »Atheismus« ist: *Atheisten glauben nicht an Gott (bzw. an Götter).*

Auch in der Bibel, ja, im Volk Israel begegnet offenbar bereits eine Form des Atheismus: In Psalm 14, Vers 1 (= Psalm 53, Vers 2) heißt es: »Die Toren sprechen in ihrem Herzen: / ›Es ist kein Gott.‹« Im Buch der Psalmen wird die Behauptung, es gebe keinen Gott, als Ausdruck von fehlender Weisheit verstanden.[1] Wer weise ist, glaubt demnach an Gott; wem es dagegen an Weisheit fehlt, der redet sich ein – denn das ist ja wohl gemeint mit dem »Sprechen im Herzen« –, es gebe keinen Gott. Immerhin: Eine Straftat sieht der Psalmist in dieser Form von Atheismus nicht. Dummheit bestraft sich offenbar selbst, auch wenn sie oft schlimme Auswirkungen hat. Es gehört zu den skurrilen Details der Geschichte, dass in der Sicht des Römischen Reiches ausgerechnet Christinnen und Christen als »Atheisten« galten – weil sie den Kaiser nicht als Gott verehrten.

Ich wage jetzt einen Sprung über den »garstigen, breiten Graben« (Lessing) der Geschichte und begebe mich in die Gegenwart. In unserer Gesellschaft ist es jedem Menschen freigestellt, ob er einer Religion angehören und an einen Gott (oder mehrere Götter) glauben will. Da dies nicht immer so war und auch heute noch in einigen Ländern der Welt keine Religionsfreiheit herrscht, sollte man diese Freiheit zunächst einmal als eine Errungenschaft betrachten. Von der Freiheit, sich eine Religion oder aber den Status der Religionslosigkeit wählen zu dürfen, machen nicht wenige Menschen bei uns Gebrauch. Nicht jeder religionslose Mensch sieht sich freilich als Atheist; manche sagen: Ich glaube an einen Gott, auch wenn ich keiner Religion angehöre. Umgekehrt gibt es ja eine Weltreligion, für die der Glaube an einen Gott oder an Götter nicht kennzeichnend ist: den Buddhismus.[2]

An dieser Stelle möchte ich die Frage ausklammern, ob ein Mensch, der aus einer Kirche ausgetreten (und keiner neuen Religionsgemeinschaft beigetreten) ist, sich als Atheist bezeichnen müsste oder sich nicht mehr als Christ bezeichnen darf. Viele ausgetretene Personen reklamieren jedenfalls für sich, sie seien keine Atheisten, könnten also an Gott glauben, ohne deswegen Mitglied einer Kirche oder Religionsgemeinschaft sein zu müssen.

---

[1] Interessant ist die neuerdings vertretene These, dass noch in der frühen Neuzeit (zwischen dem 16. und dem 18. Jahrhundert) der Atheismus zumeist nicht als Haltung der Vernunft, sondern als eine Äußerung von Unvernunft angesehen wurde (vgl. Björn Spiekermann, Der Gottlose. Geschichte eines Feindbilds in der Frühen Neuzeit [Das Abendland NF 44], Frankfurt a.M. 2020).

[2] Fasst man den *Buddhismus* als eine Religion ohne Gott bzw. Gottheit auf, dann müsste man sie als atheistische Religion bezeichnen. Ich lasse hier offen, ob dies eine zutreffende Prädikation des Buddhismus sein würde. Auf jeden Fall ist er wie auch die anderen »großen« Weltreligionen eine achtenswerte, dialogfähige und ethisch hoch entwickelte Nachbarreligion in der globalisierten Welt.

2. Fünf Formen des Atheismus

Vom eben schon genannten Sonderfall einer Religion ohne den Glauben an Gott (oder Götter)[3] einmal abgesehen, kann man in der Gegenwart, wenn ich dies richtig sehe, mindestens fünf[4] Formen des Atheismus unterscheiden:

a) *Ein sich theologisch verstehender Atheismus:* Die von einigen Theologinnen und Theologen vertretene Auffassung, man könne »atheistisch an Gott glauben« (Dorothee Sölle: Gott sei tot, er sei im Holocaust gestorben, er habe nur unsere Hände, um handeln zu können usw.).[5]

b) *Agnostizistischer Atheismus:* Ein offener, gesprächsbereiter, vielleicht sogar interessierter Atheismus (»Ich glaube zwar nicht an Gott, aber ...«). Diese Form von Atheismus überschneidet sich großflächig mit »Agnostizismus«, wie ihn etwa der ehemalige Bundeskanzler Willy Brandt (1913–1992) vertrat.[6]

---

3 Im Kreis der fünf »großen« Weltreligionen ist bekanntlich der *Hinduismus* eine polytheistische Religion. Wie auf den Buddhismus werde ich auch auf ihn in diesem Text nicht eingehen, nicht, weil ich ihn nicht achte, sondern, weil er in unserer Gesellschaft nur marginal vertreten ist und meine Kenntnisse auf diesem Feld überdies nur sehr beschränkt sind. So erwähne ich auch ihn nur als eine ethisch hoch entwickelte, dialogfähige und unbezweifelbar nicht-atheistische Nachbarreligion in der Einen Welt.

4 Nicht eingehen werde ich an dieser Stelle auf den sogenannten *»methodischen« oder »methodologischen« Atheismus.* Er besagt im Kern: In wissenschaftlichen, insbesondere naturwissenschaftlichen Erklärungsversuchen darf nicht auf die »Hypothese Gott« zurückgegriffen werden. Andernfalls würde man Gott als eine »Ursache« (causa) unter anderen, und sei es auch als erste Ursache (prima causa), verstehen. Dann wäre Gott aber nicht kategorial von der Weltwirklichkeit unterschieden, sondern wäre ein Element innerhalb dieser Weltwirklichkeit. Ein methodischer Atheismus sagt über Gott nicht mehr, aber auch nicht weniger, als dass er kein Seiendes unter anderen Seienden in dieser Welt ist – wenn es ihn gibt.

5 Ähnlich argumentierte der im Jahr 2022 verstorbene HUBERTUS HALBFAS: Kann ein Christ Atheist sein? Kann ein Atheist Christ sein?, Ostfildern 2020. Ich finde weder die Argumentation von Sölle noch die von Halbfas überzeugend. Beides scheint mir auf ein rein innerweltliches Christsein hinauszulaufen – und beides scheint mir auch zur Begriffsverwirrung beizutragen.

6 Von Willy Brandt stammt die Äußerung: »Fragen nach dem Überirdischen trieben mich nie sonderlich um. Noch als Kind meinte ich herausgefunden zu haben, dass dem Menschen, jedenfalls mir, nicht gegeben sei, die Frage nach dem ›Woher‹ zu beantworten. Ich wusste noch nicht, dass sich Agnostiker nennen kann, wer die

c) *Skeptischer Atheismus:* Darunter kann man eine Form des Atheismus verstehen, die aus einer Haltung des intellektuellen oder existenziellen Zweifelns erwächst. Sie argumentiert etwa wie folgt: Eigentlich spricht ja vieles gegen den Glauben an einen Gott (oder Götter), aber ganz auszuschließen ist eine solche Möglichkeit nicht. So ist beispielsweise der späte Stephen Hawking (1942–2018) einzuordnen, wobei seine Form der Skepsis mir rein intellektueller Natur zu sein scheint.[7] Die aus der Theodizeefrage erwachsende Skepsis und der aus ihr möglicherweise folgende Atheismus hat dagegen ebenso intellektuelle wie existenzielle Anteile. Denn das Leiden kann, mit Georg Büchner (1813–1837) gesprochen, ein »Fels des Atheismus« sein.

d) *Aggressiver Atheismus:* Ein aggressiver, feindseliger Atheismus, der das Christentum (und vielleicht auch Religionen überhaupt) ablehnt und als schädlich betrachtet und daher Glauben und Glaubende bekämpft. Zu dieser Richtung würde ich Richard Dawkins zählen.[8] Sein feindliches Gegenüber,

---

Antwort auf die Frage hinter den Fragen offenlässt und Gott zu leugnen für anmaßend hält.« (WILLY BRANDT, Links und frei. Mein Weg 1930 bis 1950, München 1983, S. 24)

7 In seiner letzten zu Lebzeiten veröffentlichten Publikation widmet der Astrophysiker der Frage »Gibt es einen Gott?« immerhin ein ganzes Kapitel (STEPHEN W. HAWKING, Kurze Antworten auf große Fragen, Stuttgart 2018, S. 49-63). Hawking erklärt zunächst, er wolle die Existenz Gottes weder beweisen noch widerlegen (50). Er erwägt dann kurz, ob Gott im Sinne des Pantheismus etwa als Verkörperung der Naturgesetze verstanden werden könne (52). Auch wenn man ihn als Schöpfer der Naturgesetze ansehe, könne er sie freilich nicht brechen (53) – mit dieser Auffassung stimmen auch Theologen wie Wilfried Härle oder Philosophen wie Holm Tetens überein. Dann aber sagt Hawking, ihm gehe es nur und ausschließlich um Erklärungen innerhalb der Ursache-Wirkungskette, also um kausale Erklärungen. In diesem Rahmen brauche man Gott nicht. Seine Nicht-Existenz biete vielmehr die einfachste Erklärung für den Ursprung des Universums (62).

8 RICHARD DAWKINS, Der Gotteswahn. Aus dem Engl. von Sebastian Vogel, Berlin [6]2007. Dawkins stellt an den Anfang seines Buches eine Liedzeile von John Lennon: »Imagine there's no heaven [...] and no religion too ...«. Wenn es keine Religion gäbe, so meint Dawkins, hätte es kein »Nine-Eleven« (also die Attentate vom 11.9.2001) gegeben (vgl. a.a.O., S. 12). Das ist sehr kurzschlüssig gedacht, denn (1) repräsentieren die Attentäter nicht die Mehrheit aller Muslime dieser Erde, (2) repräsentieren sie ebenfalls nicht die Mehrheit aller Menschen, die auf dieser Welt einer Religionsgemeinschaft angehören, und (3) können Terroristen sich beliebige Religionen zur ideologischen Begründung ihrer Mordtaten wählen und tun dies auch. Mit Reli-

von dem her er das Christentum definiert, ist zweifellos der (ebenfalls höchst aggressive) evangelikale Fundamentalismus, wie er in den USA begegnet.

e) *Gleichgültiger Atheismus:* Schließlich gibt es auch noch einen Atheismus, der mit einem grundsätzlichen Desinteresse an Religion(en), Glauben und der Gottesfrage zusammenfällt. Ihm ist all das, was mit Religion und Gott zu tun hat, schlicht und einfach gleichgültig.[9]

Während ich bei der Form a) zwar vermute, es gar nicht mit einem »echten« Atheismus zu tun zu haben, freue ich mich insgesamt, dass es Menschen gibt, die im Sinne der Formen a), b) und c) jedenfalls offen sind für Gespräche mit Menschen, die an Gott glauben.

Gespräche mit Personen, die einen »aggressiven Atheismus« (Form d) vertreten, bereiten vielen Glaubenden (und auch mir selbst) oft Probleme. Aber ich kann verstehen, dass es Menschen gibt, die aus schlimmen Lebenserfahrungen heraus an einer »Gottesvergiftung« (Tilman Moser) leiden.[10] Weniger Verständnis habe ich dafür, wenn das Christentum oder andere Religionen aus einer schlechten Informiertheit heraus angegriffen werden, weil man etwa den Glauben an Gott für die Attentate des 11. September 2001 verantwortlich macht oder die Religionsgeschichte insgesamt mit Gewaltgeschichte gleichsetzt. Ebenso, wenn man wie Dawkins behauptet, die »Sühnetheorie« sei die zentrale Lehre des Christentums, oder das Gebot der Nächstenliebe beziehe sich im Neuen Testament nur auf Angehörige des eigenen Volkes.[11] Beiden Behauptungen ist strikt zu widersprechen: Weder ist die Sühnetheorie zentral für das heutige Christentum (das mag

---

gion kann man Terror nachträglich begründen, aber selten ist Religion der Grund für den Terror.

[9] Dabei gilt sicherlich: Der gleichgültige Atheismus stellt eine Teilmenge von religiöser Gleichgültigkeit insgesamt dar. Letztere hat Andreas Rössler vor einiger Zeit in differenzierter und erhellender Weise dargestellt: »Universales Gottesbewusstsein und religiöse Gleichgültigkeit«, in: Werner Zager (Hg.), Universale Offenbarung? Der eine Gott und die vielen Religionen, Leipzig 2013, S. 89-123.

[10] Besonders entsetzlich sind die Verbrechen, die in Religionsgemeinschaften oder Kirchen durch den Missbrauch an Kindern geschehen sind bzw. noch geschehen. Hier gibt es noch reichlich Aufarbeitungs- und (im Blick auf die Zukunft) Präventionsbedarf. Es ist nachvollziehbar, dass ein Mensch aufgrund derartiger Erfahrungen nicht nur eine Kirche oder Religionsgemeinschaft ablehnt, sondern auch den Glauben an Gott in Frage stellt. Denn wenn Gott existiert, wie konnte er ein solches Verbrechen zulassen?

[11] R. Dawkins, Der Gotteswahn (s. Anm. 8), S. 346-352.

für die Vergangenheit oder für evangelikale Christen in der Gegenwart stimmen) noch bezieht sich der Gedanke der »Nächstenliebe« im Neuen Testament nur auf Personen des eigenen Volkes. Dem widerspricht schon die Beispielgeschichte vom Barmherzigen Samariter (Lk 10,25-37), und es hätte, wenn es so wäre, wohl kaum eine ökumenische Bewegung oder eine völkerübergreifende christliche Mission gegeben.

Besonders schwierig scheint mir der Umgang mit einem Atheismus der Form e) zu sein, weil man gegen Gleichgültigkeit und Ignoranz weder mit Argumenten noch mit Empathie ankommt. Dieser Überblick sollte zeigen: Atheismus ist nicht gleich Atheismus. Man muss sich daher immer fragen: Mit welcher Form von Atheismus habe ich es zu tun?

3. Was ist das – Fundamentalismus?

Erinnerungen I: Im Jahr 2003 bekam ich den Auftrag, ich solle für den damaligen EKD-Ratsvorsitzenden Manfred Kock eine Rede schreiben zum Thema: »Was ist Fundamentalismus?« Ich war in dieser Zeit im Kirchenamt der EKD als Referent für Fragen öffentlicher Verantwortung tätig und insofern einer der »Ghostwriter« des Hauses. Hintergrund: Zu Beginn jenes Jahres hatte Manfred Kock in einem Interview den US-Präsidenten George Bush als »Fundamentalisten« bezeichnet. Die Reaktionen auf diese Aussage waren gespalten. Wer den drohenden Irakkrieg befürchtete und deshalb die amerikanische Politik kritisierte, konnte mit der Aussage leben. Anders sah dies damals der CDU-Politiker und spätere Bundestagspräsident (2017-2021) Wolfgang Schäuble. Er war mit der Aussage in keiner Weise einverstanden und lud daher den Ratsvorsitzenden zu einem Vortrag in den Evangelischen Arbeitskreis der CDU ein. Das erbetene Thema lautete: »Was ist Fundamentalismus?« So kam ich dazu, mich zum ersten Mal gründlicher mit dem Phänomen zu beschäftigen.[12]

Ich lernte bei meinen damaligen Recherchen: Der Begriff des Fundamentalismus[13] ist vergleichsweise sehr viel jüngeren Ursprungs. Er stammt

---

[12] Manfred Kock hielt den Vortrag am 11.3.2003 unter dem Titel: »Krieg und Frieden – eine Frage von Fundamentalismus?« (URL: <https://www.ekd.de/030311_kock_eak_der_cdu.html> [12.5.2022]).

[13] Der folgende Abschnitt sowie einige spätere Passagen überschneiden sich sachlich und sprachlich mit meinem Aufsatz: »Der offene Protestantismus und seine Feinde – jenseits von Stecknadel und Tischplatte«, in: Freies Christentum, Jg. 74 (2022), S. 20-26. Dieser Aufsatz wiederum ist auch abgedruckt in: Eberhard Martin

aus dem 19. Jahrhundert und kam in den USA auf, zunächst als Selbstbezeichnung einer Gruppe von evangelikalen Christinnen und Christen, die sich im Gegenzug zur Aufklärung, zur modernen Wissenschaft und speziell auch zur Evolutionstheorie, die damals gerade durch Charles Darwin (1809–1882) begründet worden war, formierte.[14] Fünf Grundsätze charakterisieren nach deren eigenem Verständnis die Glaubenshaltung der Fundamentalistinnen und Fundamentalisten.[15] Einer dieser Grundsätze ist hermeneutischer Art, die vier anderen beziehen sich auf Glaubensinhalte, die als essentiell verstanden werden:

(1) Hermeneutisches Prinzip des historischen Fundamentalismus: Die Bibel ist irrtumslos und widerspruchsfrei. Sie muss wortwörtlich (literalistisch) ausgelegt werden, etwa im Blick auf die Schöpfungserzählungen.[16]

(2) Inhaltlicher Grundsatz: Jesus Christus wurde von der (biologisch verstandenen) Jungfrau Maria geboren.

(3) Inhaltlicher Grundsatz: Jesus Christus ist wahrer Gott.

(4) Inhaltlicher Grundsatz: Jesus Christus hat durch seinen Tod am Kreuz ein stellvertretendes Sühnopfer gebracht und dadurch die Erlösung bewirkt.

(5) Inhaltlicher Grundsatz: Jesus Christus ist leiblich auferstanden von den Toten und wird am Ende der Zeiten als Weltenrichter wiederkehren.

Pausch, Offen, links und frei. Bausteine für einen Protestantismus der Zukunft, Münster 2022, S. 51-58.

[14] Es ist kein Zufall, dass der in den USA lehrende Paul Tillich gleich zu Beginn seiner dreibändigen »Systematischen Theologie« den Fundamentalismus erwähnt. Er hatte ihn in den USA ja anschaulich genug und vielleicht auch bedrohlich vor Augen. Vgl. Paul Tillich, Systematische Theologie, Bd. I, Stuttgart [8]1984, S. 9. Aber auch an anderen Stellen seines Werkes behandelt Tillich das Phänomen des religiösen Fundamentalismus.

[15] Vgl. Klaus Kienzler, Der religiöse Fundamentalismus. Christentum, Judentum, Islam, München 1996, S. 30.

[16] Es handelt sich bei diesem hermeneutischen Grundsatz im Gegenzug zu den Auslegungsprinzipien aufgeklärter Theologie um eine ganz bestimmte Variante (und zwar eine erheblich verengende Interpretation) der altprotestantischen Lehre von der Verbalinspiration.

Diese fünf Grundsätze gelten dem christlichen Fundamentalismus als unbezweifelbar und ewig.[17] Sie haben somit den Charakter von Dogmen (vergleichbar mit den Dogmen als »unfehlbaren Lehrsätzen« im römischen Katholizismus) oder von Axiomen (vergleichbar mit den Axiomen als argumentativen Ausgangspunkten in der Mathematik). Deutlich dürfte sein: Würde man den hermeneutischen Grundsatz des Fundamentalismus erschüttern, müssten alle inhaltlichen Grundsätze ebenfalls ins Wanken geraten. Daher wehren fundamentalistische Personen sich mit aller Macht gegen andere hermeneutische Prinzipien, insbesondere aber gegen die in den exegetischen Wissenschaften etablierte historisch-kritische Methode der Bibelauslegung.

Der Systematische Theologe Ingolf Ulrich Dalferth hat in einer seiner neuesten Publikationen die klassischen fundamentalistischen Verirrungen im Feld der Hermeneutik aufgezeigt. Als einen Hauptgrund für »diese Verirrungen des Protestantismus in der Moderne« sieht er die »unkritische Gleichsetzung von Schrift und Bibel. Sie zu unterscheiden, ist hermeneutisch eine Hauptaufgabe«.[18] Wo diese hermeneutische Aufgabe nicht sachgemäß geleistet wird, kommt es Dalferth zufolge zu völlig abwegigen theologischen Lehren wie etwa der »Diktat-Theorie«,[19] die im Kern besagt, Gott habe den Wortlaut der Schrift deren Autoren so diktiert, wie dies ein Lehrer seinen Schülern oder eine Chefin ihrem Sekretär gegenüber tue. Es ist Dalferth sehr zu danken, dass er im Feld der neuzeitlichen Hermeneutik für eine klare Abgrenzung gegenüber dem protestantischen Fundamentalismus sorgt.[20]

---

17 Eine knappe Charakterisierung des Fundamentalismus findet sich bei: Wilfried Härle, Ethik, Berlin / Boston ²2018, S. 123. Fundamentalismus bedeute schlicht: »zeitbedingte Einsichten für zeitlos gültig [zu] erklären«.

18 Ingolf Ulrich Dalferth, Wirkendes Wort. Bibel, Schrift und Evangelium im Leben der Kirche und im Denken der Theologie, Leipzig 2018, S. 117.

19 A.a.O., S. 254-257.

20 Für den römischen Katholizismus verweise ich exemplarisch auf die knappen, aber sehr klaren Ausführungen von Joseph Ratzinger in seinem Buch »Salz der Erde«. Der Autor sagt dort: Durch die historisch-kritische Auslegung der Bibel sei dieser ihre »Eindeutigkeit« genommen worden. Damit fehlte dem Glauben sein »Fundament«: »Dagegen stellte man das Prinzip der strengen Wörtlichkeit der Bibelauslegung. Der buchstäbliche Sinn gilt als unverrückbar. Diese These richtet sich ebenso gegen die historisch-kritische Bibelauslegung wie gegen das katholische Lehramt, das einen solchen Verbalismus nicht zulässt.« (Joseph Kardinal Ratzin-

Der historische Fundamentalismus am Rande des Christentums (und insbesondere des Protestantismus) ist natürlich nicht der einzige Kontext, in dem Fundamentalismus begegnet. Auch in anderen Religionen gibt es ähnliche oder sogar strukturidentische[21] Phänomene, etwa im Islam, wie seit dem 11. September 2001 immer mehr in das allgemeine Bewusstsein gerückt wurde. Wichtig ist in diesem Zusammenhang eine mindestens dreifache Unterscheidung, die für alle Religionen in ähnlicher Weise gelten sollte: Man muss stets unterscheiden zwischen der Religion selbst in der Vielfalt ihrer Erscheinungsformen (zum Beispiel Konfessionen), zwischen fundamentalistischen Ausprägungen der jeweiligen Religion (im Christentum: evangelikales Christsein, im Islam: Islamismus,[22] im Judentum: bestimmte Ausprägungen jüdischer Orthodoxie) und schließlich gewaltbereiten Formen und Strömungen des Fundamentalismus. Aus diesen stammen etwa terroristische Gruppen oder Einzeltäter. Hässliches Anschauungsmaterial bieten etwa die Mordtaten von »Al Kaida« oder des sogenannten »Islamischen Staates«, dessen Terroranschläge in europäischen Metropolen auch lange nach dem Verlust der politischen Macht dieser Strömung bis heute für Abscheu und Entsetzen sorgen. Im August 2022 ereignete sich der wohl im Zusammenhang mit einer schiitischen »Fatwa« aus dem Jahr 1989 stehende Mordversuch an Salman Rushdie (geb. 1947). Dies alles ist erschreckend und in keiner Weise zu rechtfertigen.

Allerdings sollte die Christenheit im Dialog mit anderen Religionen nicht vergessen, dass es einst mörderische Gewalttaten der Kreuzritter gab oder im Jahr 2022 die theologische Rechtfertigung der »heiligen Spezialoperation« Wladimir Putins – also des völkerrechtswidrigen Angriffs Russlands auf die Ukraine – durch den Patriarchen Kyrill I. von Moskau, den Leitenden

GER/BENEDIKT XVI, Salz der Erde. Christentum und katholische Kirche im neuen Jahrtausend, München [5]2005, S. 145)

[21] Strukturidentisch meint: Nicht die Inhalte sind dabei gleich, sondern der innere Aufbau, das formale Wesen des Phänomens.

[22] Der »Islamismus« lässt sich entweder als fundamentalistischer oder aber als politischer Islam beschreiben. Beide Kennzeichnungen treffen extensional zu. Denn das Staatskonzept des fundamentalistischen Islams ist die »Theokratie«, also die Gott/Allah zugeschriebene Herrschaft in einem Staat, in dem folglich die religiöse Gesetzgebung aufgrund der »Sharia« maßgeblich ist. Für die Christenheit insgesamt und für den Protestantismus im Besonderen sind »theokratische« Herrschaftsmodelle seit vielen Jahrhunderten nicht (mehr) denkbar. Im Protestantismus hat dafür die sogenannte »Zwei-Regimenten-Lehre« Martin Luthers eine entscheidende regulative Rolle gespielt.

Geistlichen der Russisch-Orthodoxen Kirche. Die Formen und Dimensionen des Geschehens mögen dabei noch so verschieden sein - die dabei jeweils ausgeübte Gewalt ist in keinem Fall hinnehmbar.

4. Politischer Fundamentalismus

Erinnerungen II: Als junger Theologiestudent besuchte ich im Frühjahr 1983 zum ersten und einzigen Mal die DDR. Ich war teils befremdet, teils schockiert über das, was sich dort »Sozialismus« nannte. In einer der Straßen wehte ein in schlechter Qualität produziertes Plakat, auf dem nur ein einziger Satz stand: »Die Lehre von Karl Marx ist allmächtig, weil sie wahr ist.« Ich konnte es nicht glauben. Da wurde einer irdischen Lehre, sie mochte noch so überzeugend sein, das Gottesprädikat »allmächtig« zuerkannt. Mir war sofort klar: Hier begegnete mir ein politischer Dogmatismus, ein geschlossenes Weltbild, das sich für unüberbietbar hielt. Eine Ideologie. Später würde ich dazu sagen: politischer Fundamentalismus.[23]

Damals wusste ich noch nicht, dass der Satz: »Die Lehre von Karl Marx ist allmächtig, weil sie wahr ist« von Lenin stammt.[24] Sein Diktum steht symbolisch für jene Art von Fundamentalismus, der im historischen Kommunismus steckte und wohl auch heute noch in seinen ideologischen Restbeständen existiert. Hat man in der Entwicklung des Kommunismus die Linie »Marx → Engels → Lenin → Stalin« vor Augen, so zeichnet sich diese Linie durch ihre abnehmende Argumentationsbereitschaft ebenso aus wie durch ihre zunehmende Gewaltförmigkeit. Der marxistische Fundamentalismus erwuchs aus ursprünglich aufklärerischen, kritischen und wissenschaftlichen Impulsen, die bei Karl Marx (1818–1883) selbst noch bei Weitem überwiegen. Der Weg zum Dogmatismus wurde dann, wenn ich dies recht sehe, bereits bei Friedrich Engels (1820–1895) beschritten.[25] Bei weiteren Expo-

[23] Die heute weit verbreiteten sogenannten »Verschwörungstheorien« sind wohl auch eine Abart des politischen Fundamentalismus. Theorien sind sie jedoch nicht, eher schon miniaturisierte Ideologien.

[24] WLADIMIR I. LENIN, Drei Quellen und drei Bestandteile des Marxismus (1913), in: Karl Marx / Friedrich Engels, Ausgewählte Schriften in zwei Bänden, Berlin [21]1972, Bd. 1, S. (11-16) 11.

[25] Vgl. hierzu meine Ausführungen in: EBERHARD MARTIN PAUSCH, Friedrich Engels – vom Barmer Pietisten zum Dogmatiker der Revolution, in: HPB 60 (2020), S. 188-192.

nenten des Kommunismus wie etwa Lenin, Trotzki, Stalin, Mao, Pol Pot kam eine zunehmende Gewaltbereitschaft hinzu.

Das explizite Gewaltpotenzial des Kommunismus erhellt aus wenigen nackten Zahlen, hinter denen sich unsagbares Leid verbirgt: In den Bürgerkriegsjahren der frühen Sowjetunion (1918–1921) kamen etwa 16 Millionen Menschen ums Leben, der stalinistische Staatsterror der 1930er-Jahre kostete etwa 3,5 Millionen Menschen das Leben.[26] Der »Große Sprung nach vorn« und die »Kulturrevolution« in der Volksrepublik China unter Mao Zedong kosteten zusammen etwa 45 Millionen Menschenleben.[27] (Ich differenziere bei diesen Zahlenangaben nicht zwischen Menschen, die durch direkte Gewaltanwendung ums Leben kamen und denen, die elendiglich verhungerten.) Politischer Fundamentalismus, der über Leichen geht, hat ohne Zweifel rein quantitativ gesehen noch viel mehr Leid angerichtet als der religiöse Fundamentalismus.

Dass aber auch der globalisierte Kapitalismus der Gegenwart als eine Form des Fundamentalismus gesehen werden kann, dazu hat sich der afrikanische Autor Ngugi wa Thiong'o (im Anschluss an die Fetischtheorie von Karl Marx) geäußert. Ngugi wa Thiong'o sieht den Markt als »die höchste Gottheit des Kapitalismus«. Die Alternativlosigkeit dieser Auffassung sei, so der Schriftsteller, der entscheidende Beleg für dessen fundamentalistischen Charakter.[28]

Auf die einzelnen Formen des politischen Fundamentalismus will ich im Folgenden nicht weiter eingehen. Sie haben zweifellos oft gewalttätige Auswüchse. Der Kommunismus ist nachweislich millionenfach über Leichen gegangen, aber auch der Kapitalismus hat – etwa in der Form des Imperialismus – zu Leid und Not, zu Gewalt und Kriegen geführt. Deshalb ist politischer Fundamentalismus an sich verderblich. Nicht selten aber erwächst er aus religiösem Fundamentalismus oder ist zumindest mit ihm eng verbunden. Auch aus diesem Grund ist der in den USA seit Jahrzehnten sich

---

26 Diese Zahlenwerte beruhen auf den Angaben von Gerd Koenen, Was war der Kommunismus?, Göttingen 2010, S. 30. 80 – zur irrationalen Psychologie des Stalinismus vgl. a.a.O., S. 77-87.

27 Felix Wemheuer, Mao Zedong, Reinbek bei Hamburg 2010, S. 98. 114-121.

28 Ngugi wa Thiong'o, Afrika sichtbar machen! Essays über Dekolonisierung und Globalisierung, Münster 2019, S. 48-55. Recht ähnlich sieht John Kenneth Galbraith den Markt als »heilige Kuh« in unserer Zivilisation; vgl. ders., Eine kurze Geschichte der Spekulation. Aus dem Amerikan. von Wolfgang Rhiel, Frankfurt a.M. 2010, S. 39: »[...] ihm kann keine innere schädliche Tendenz oder ein Fehler zugeschrieben werden.«

immer weiter ausbreitende evangelikale Fundamentalismus höchst gefährlich. Er hat zweifellos zu einer toxischen Atmosphäre in der US-amerikanischen Gesellschaft und zu einer tiefen Spaltung des Landes beigetragen. Ob die seit Beginn des Jahres 2021 amtierende US-Administration unter Präsident Joe Biden das Land wieder mehr wird zusammenführen können, ist noch lange nach dem Machtwechsel eine offene Frage. Die Bekämpfung von Fundamentalismus aller Art dürfte innenpolitisch dabei eine besondere Herausforderung darstellen.

5. Argumentationsverweigerung und Alternativlosigkeit als Grundstrukturen des Fundamentalismus

Wie sind nun aber die jeder Form von Fundamentalismus (und somit auch dem religiösen Fundamentalismus)[29] eignenden Strukturen beschaffen? Hierzu eine These mit ein paar Erläuterungen: Das Wesen des Fundamentalismus ist die Verweigerung von Argumentation und die Behauptung der Alternativlosigkeit.

Fundamentalistinnen und Fundamentalisten führen entweder gar keine Gespräche mit Gegnern, oder sie berufen sich auf einen unhinterfragbaren Grundsatz (ein Axiom, ein Dogma), das ihrer Meinung nach hinreichend begründungsfähig für ihre Position ist. Fundamentalismus ist somit eine »Basta«- bzw. »Pseudo«-Argumentation. Denn: »[...] wo nur eine einzige Fahne die rechte ist, da hört das Wählen auf [...]«[30].

Damit befinden wir uns in einer der drei typischen argumentativen Sackgassen des von Hans Albert einst so benannten »Münchhausen-Trilemmas«.[31] Diesem Trilemma zufolge führen Argumentationen, die auf eine Letztbegründung abzielen, entweder zu einem unendlichen Regress, bei dem ein Argument auf das andere folgt, ohne, dass es zu einer abschließen-

---

[29] Eine aktuelle soziologische Deutung des religiösen Fundamentalismus als *ein* Beispiel für eine Reaktion auf die als bedrohlich empfundene (Welt-)»Gesellschaft der Singularitäten« bietet Andreas Reckwitz, Die Gesellschaft der Singularitäten. Zum Strukturwandel der Moderne, Berlin [3]2020, S. 409-413.

[30] Ernst Bloch, Das Prinzip Hoffnung, Bd. III, München [8]1982, S. 1504.

[31] Hans Albert, Traktat über kritische Vernunft, Tübingen [5]1991([1]1968), S. 15-18.

den Erkenntnis kommt.[32] Oder die Argumentation führt in einen logischen Zirkel: Man setzt dasjenige, das man beweisen will, schon explizit oder implizit voraus.[33] Oder schließlich führt die Argumentation zu einem unhinterfragbaren und selbst nicht mehr begründbaren Prinzip - Hans Albert spricht von einem »willkürlichen Abbruch des Verfahrens«. Alle drei Verfahrensweisen sind Sackgassen und stehen für das Scheitern von Argumentationen mit einem letztbegründenden Anspruch.

Der Fundamentalismus bedient sich der dritten Verfahrensweise: Er bricht die Argumentation an einer ganz bestimmten Stelle ab (sofern er sich überhaupt auf eine Argumentation einlässt). Er rekurriert auf ein seines Erachtens »unbezweifelbares Fundament«, sei es hermeneutischer, sei es inhaltlicher Art - im Zweifelsfalle beides. Klassisches Streitobjekt zwischen »volkskirchlich« bzw. »historisch-kritisch« orientierten Christenmenschen auf der einen Seite und »fundamentalistisch« bzw. »literalistisch« geprägten auf der anderen Seite war im 20. Jahrhundert oft der im Apostolischen Glaubensbekenntnis enthaltene Glaubenssatz: »Jesus Christus wurde von der Jungfrau Maria geboren«.[34]

Fundamentalismus aller Art (ob politisch oder religiös ausgerichtet) besagt: Es gibt unbezweifelbare Fundamente für unser Leben, Denken, Glauben und Handeln. Nach René Descartes (1596-1650) gibt es bekanntlich nur ein unbezweifelbares Fundament: jenes »cogito« (= ich zweifle), aus dem zwingend das »ergo sum« (= ich bin, ich existiere) folgt. Dieses unbezweifelbare Fundament hat aber eine recht geringe Ausdehnung. Es ist sozusagen

---

32 In eine solche Argumentationsnot bringen einen mitunter kleinere Kinder, die nach jeder Aussage eines Erwachsenen mit »Warum?« immer wieder weiterfragen, was selbst geduldig Auskunft gebende Personen irgendwann überfordert.

33 Religiöse Fundamentalisten argumentieren im Blick auf die Bibel als »Wort Gottes« damit, dass die Bibel doch selbst behaupte, das »Wort Gottes« zu sein. Das kann aber nur überzeugend finden, wer schon vorab von dieser Gleichsetzung ausgeht.

34 In diesem Sinne haben die drei zwischen 1854, 1870 und 1950 verlautbarten Dogmen der römisch-katholischen Kirche (zur ewigen Jungfrauschaft Mariens, zur Unfehlbarkeit des Papstes und zur leiblichen Himmelfahrt Mariens) argumentationslogisch gesehen einen vergleichbaren Status, da sie Axiomen ähneln. Allerdings sind alle drei Dogmen auch in der Binnensicht der römisch-katholischen Kirche in einem nicht unbeträchtlichen Maße interpretationsbedürftig und interpretationsfähig. In diesem Sinne unterscheidet sich die römisch-katholische Kirche wohltuend von bestimmten Ausprägungen des protestantischen Fundamentalismus – was wiederum nicht heißt, dass man als Protestant den drei genannten Dogmen zustimmen wird.

nur ein kleiner Punkt, eine Art Stecknadelkopf, der dann vieles andere - bei Descartes angefangen mit der Existenz Gottes - tragen muss. Alles Übrige aber ist und bleibt bezweifelbar.

Religiöser oder politischer Fundamentalismus geht dagegen davon aus: Es gibt eine unbezweifelbare Plattform, also eine ausgedehnte Ebene von unbezweifelbaren Wahrheiten, Glaubenssätzen - oder wie auch immer man diese Plattform beschreiben mag. Kein Stecknadelkopf also, sondern eine Art Tischplatte, die Platz bietet - etwa im Verständnis des christlichen Fundamentalismus - für die vielfältigen Aufbauten und Ausgestaltungen des Glaubenslebens.

Der Vorteil einer solchen Tischplatte: Was sich darauf befindet, kann (scheinbar) nicht herunterfallen. Es ist sicher und fest. Aber wehe, die Platte hat oder bekommt Löcher! Dann kann vieles, vielleicht alles zu Boden fallen. Und wehe, die Platte wird bewegt - nach vorne oder hinten, unten oder oben, womöglich in die Schräge: Auch dann kann alles stürzen und zerstört werden. Und das darf doch nicht sein.

So funktioniert jede Art von Fundamentalismus - psychologisch gesehen. Er geht von einer beschränkten Anzahl von zu glaubenden Wahrheiten aus. Wer diese Basisaussagen leugnet oder auch nur anzweifelt, der bringt den Tisch ins Rutschen, der gefährdet damit sich selbst und womöglich andere Personen. Das erklärt auch, warum manche, vielleicht nicht wenige fundamentalistisch ausgerichtete Personen religiöser oder politischer Couleur gewaltbereit sind: Sie wollen eben ihre Tischplatte verteidigen. Auf den Descartes'schen Stecknadelkopf wollen sie nicht zurückkehren, und schon gar nicht wollen sie, dass die Platte wankt oder fällt und mit ihnen ihr ganzes Leben - ins Bodenlose, in den Tod, in eine irdische oder in die jenseitige Hölle (wie sie fürchten). Da ist es ihres Erachtens besser und angemessener, diejenigen zu bekämpfen und (im Falle des gewaltbereiten Fundamentalismus) notfalls sogar zu töten, die es wagen, an ihrer Tischplatte zu rütteln.[35]

Insgesamt lässt sich sagen: Echte, offene, faire Argumentationen werden seitens des Fundamentalismus bzw. seiner Repräsentantinnen und Repräsentanten verweigert. Auch sieht Fundamentalismus sich selbst und die

---

[35] Gewaltbereite muslimische Fundamentalisten erwarten im Gegenzug für Taten gegen »Ungläubige« eine Belohnung im Himmel, die dann – man denke an die Verheißung der 72 Jungfrauen, die einen Märtyrer im Paradies erwarten sollen – sehr anschaulich und sinnenfreudig (aber auch sexistisch) ausgemalt werden kann.

von ihm vertretenen Positionen als »alternativlos«[36] und lehnt daher Pluralismus konsequent ab. Argumentations- und Alternativlosigkeit sind somit seine wesentlichen Strukturmerkmale.[37]

6. Fundamentalismus und Atheismus – wie verhalten sie sich zueinander?

Wenn man die Landschaft »zwischen« Fundamentalismus und Atheismus (oder vielleicht besser: jenseits der beiden Alternativen) erkunden möchte, sollte man sich zunächst einmal klarmachen, dass Fundamentalismus jedenfalls nicht per se das Gegenteil von Atheismus darstellt. Das Gegenteil des Fundamentalismus ist nämlich eine nicht-fundamentalistische Haltung. Und das Gegenteil des Atheismus ist keineswegs automatisch der Theismus, obwohl dies vom Wort her selbst naheliegt.[38] Vielmehr gilt: Das Gegenteil des Atheismus ist eine nicht-atheistische Haltung, also die Auffassung bzw. der Glaube, dass es Gott (oder mehrere Götter) gibt. Nicht-atheistisch ist zweifellos das klassisch »theistisch« genannte Modell, also die Auffassung, dass es jenseits der Welt einen Gott gibt, der diese geschaffen hat und eine Art transzendentes, personales Gegenüber für Welt und Mensch darstellt.

---

36 Der englischen Premierministerin Margaret Thatcher (1925–2013) wird die Formel »There is no alternative« zugeschrieben, abgekürzt durch das Akronym »TINA«. Diese Formel kann als ein Indiz dafür gelten, dass der neoliberalistische Kapitalismus fundamentalistische Züge trägt.

37 Eine Form der Zuspitzung im christlichen Fundamentalismus liegt vor, wenn ein Repräsentant wie der Bremer Pastor Olaf Latzel andere Religionen wie den Buddhismus oder den Islam beleidigt oder homosexuell liebende Menschen verbal auf heftigste Weise attackiert. Dass Latzel am 20.5.2022 im Berufungsverfahren vom Vorwurf der »Volksverhetzung« freigesprochen wurde, verweist die evangelische Kirche an ihre ureigene Verantwortung, den in ihrer Mitte vorhandenen aggressiven Fundamentalismus in die Schranken zu weisen.

38 Im Griechischen ergibt sich das Wort »A-theismus« aus dem Begriff »Theismus«, indem diesem ein Alpha-privativum, also ein den Sinn des Wortes in das Gegenteil verkehrendes Präfix, vorangestellt wird.

Aber auch deistische,[39] pantheistische[40] oder panentheistische[41] Modelle sind keine atheistischen Denkformen, obwohl zu bestimmten Zeiten all diesen Modellen Atheismusvorwürfe gemacht wurden.[42] In diesem Zusammenhang sei explizit auf den das Grundanliegen der Reformation rekonstruierenden theologischen Ansatz von Ingolf Ulrich Dalferth hingewiesen, der Gott in einer geglückten Formulierung als den schöpferischen, dynamischen »Poeten des Möglichen«[43] definiert und sein Gottesverständnis jenseits all dieser Klassifizierungen einordnet. Dalferth plädiert für Trinitätstheologie als »radikalen Monotheismus« und grenzt sich deutlich vom Theismus, aber auch vom Panentheismus ab.[44]

Die Landschaft »zwischen« Fundamentalismus und Atheismus zu beschreiben, ist aber auch deshalb so schwierig, weil beide auf komplizierte Weise ineinander verkeilt sind - ein wenig vergleichbar vielleicht zwei kämpfenden Heerscharen, zwischen denen es nach langem Ringen noch unentschieden steht. William Shakespeare (1564-1616) hat dafür einmal ein klassisches Bild gefunden: »As two spent swimmers, that do cling together and choke their art.«[45] Diese Situation des kämpferischen Ineinander-Verkeiltseins zweier Heere findet sich natürlich besonders in den USA, wo der christliche Fundamentalismus heute etwa in Form des die Evolutionslehre

---

39 Dem Deismus zufolge hat Gott zwar die Welt geschaffen, sich dann aber zurückgezogen und sich selbst überlassen. Er greift in das Weltgeschehen nicht ein. Es gibt daher keine aktuelle Offenbarung.

40 Dem Pantheismus zufolge sind Gott und Welt, Gott und Natur letztlich miteinander identisch (»Deus sive natura«). Gott existiert also nicht außerhalb der Welt, sondern in ihr bzw. als sie. Demnach wäre alles, was geschieht, Offenbarung. Offenbarung geschieht daher gleichsam überall, immer und zugleich nirgends und nie.

41 Dem Panentheismus zufolge existiert die Welt »innerhalb« Gottes. Gott ist darum ebenso unabhängig von ihr (»transzendent«) existent, wie er in ihr auftreten und sich in Akten der »Offenbarung« zeigen kann. Es gibt aktuelle Offenbarungen bzw. »Erschließungsgeschehen«, wo und wann Gott dies will.

42 Maßstab der Kritik war dabei offenbar immer das als maßgeblich angesehene »theistische Modell«. Was davon abwich, wurde als »Atheismus« bezeichnet – etwa Baruch Spinozas pantheistische Religionsphilosophie.

43 Ingolf Ulrich Dalferth, God first. Die reformatorische Revolution der christlichen Denkungsart, Leipzig 2018, S. 48. 52. 163.

44 A.a.O., S. 258-297. Zur Abgrenzung vom Panentheismus vgl. a.a.O., S. 295.

45 William Shakespeare, Macbeth, Act I, Scene II, Stuttgart 2002, S. 12.

dogmatisch ablehnenden Kreationismus noch immer sehr stark vertreten ist.

Im Blick auf die USA muss es auch nicht verwundern, wenn Außenstehende den Unterschied zwischen dem »normalen« Christentum und dem christlichen Fundamentalismus kaum wahrnehmen können und deshalb jede Art von Religion als religiösen Fundamentalismus deuten. Ein Beispiel für diese problematische Verwechslung bietet der Harvard-Professor Steven Pinker, der sich ja zu Recht in der Gegenwart für die Wiederbelebung der Aufklärung stark macht. Pinker sagt über den religiösen Glauben: »Etwas glauben bedeutet, es als gegeben hinzunehmen, ohne es zu hinterfragen.«[46] Was Pinker da kennzeichnet, ist eine fundamentalistische Auffassung von Glauben, die erstens »glauben« und »meinen« gleichsetzt (Ingolf Ulrich Dalferth bezeichnet dies als »doxastischen« Glauben) und zweitens beides gleichsetzt mit »nicht hinterfragen, nicht anzweifeln«. Beide Gleichsetzungen verfehlen aber, jedenfalls soweit das Christentum betroffen ist, die Sache. Im Christentum meint »glauben« nämlich primär »vertrauen«, und das auf Gott gerichtete personale Vertrauen der Glaubenden ist keineswegs frei von Zweifeln und Unglauben (Mk 9,24: »Ich glaube; hilf meinem Unglauben!«). Leider verzeichnet Steven Pinker auch in seinem neuesten Buch die religiösen Positionen des Christentums. Es ist einfach nicht zutreffend, den mehr als zwei Milliarden Christen auf der Welt zu unterstellen, sie glaubten, dass »zu ewigen Höllenqualen verdammt« sei, wer Jesus Christus nicht als seinen Erlöser ansehe.[47] Eine solche Auffassung vertritt eine fundamentalistische Minderheit von Personen, aber sicherlich nicht die Mehrheit der Christenmenschen, die sich im Einklang mit kritischer, wissenschaftlicher Theologie sieht.

Betrachten wir das Phänomen des Atheismus zunächst einmal für sich, dann konnten wir sehen, dass es mindestens drei grundsätzlich für Argumentation offene Formen des Atheismus (a, b und c) gibt. Daher gibt es auch drei Formen des Atheismus, die keinen fundamentalistischen Charakter tragen. Und es gibt überdies politische Fundamentalismen, die sich überhaupt nicht mit der Gottesfrage beschäftigen, also weder theistisch noch atheistisch (aber auch nicht deistisch, pantheistisch oder panentheistisch) denken

---

[46] Steven Pinker, Aufklärung jetzt. Für Vernunft, Wissenschaft, Humanismus und Fortschritt. Eine Verteidigung. Aus dem Engl. von Martina Wiese, Frankfurt a.M. 2018, S. 47.

[47] So Steven Pinker, Rationalität. Eine Anleitung zum besseren Gebrauch des Verstandes. Aus dem Engl. von Martina Wiese, Frankfurt a.M. 2021, S. 316.

und argumentieren. Gott ist einfach nicht ihr Thema. Allerdings existieren auch mindestens zwei Formen des Atheismus, die sich der Argumentation verweigern (d und e). Ein dogmatischer Atheismus, wie er hinter dem aggressiven Atheismus oder auch dem gleichgültigen Atheismus stehen mag, geht letztlich von dem Fundament bzw. Dogma aus: »Es gibt keinen Gott.« (Ps 14,1 bzw. 53,2) Der gleichgültige Atheismus kann, aber muss nicht mit Relativismus identisch sein. Sein Motto wäre: Gott könnte existieren oder auch nicht. Das lässt sich nicht ermitteln. Letztlich ist es auch egal, ob es ihn gibt oder nicht. Und es ist daher auch egal, ob man an Gott glaubt oder nicht. Für das Leben ist es irrelevant.

Ich fasse zusammen: Religiöser Fundamentalismus und Atheismus bekämpfen einander, sind aber teilweise auch miteinander verbunden oder schwer voneinander zu unterscheiden. Denn es gibt neben der antagonistischen Beziehung der beiden offenbar auch eine Schnittmenge zwischen »Fundamentalismus« und »Atheismus«.

Was liegt dann »zwischen« dem religiösen Fundamentalismus und dem Atheismus? Oder sollte man besser und genauer sagen: »jenseits« der beiden? Für eine solche Formulierung spricht eben die Tatsache einer partiellen Schnittmengenbeziehung. Jenseits von religiösem Fundamentalismus und dem Atheismus befinden sich all diejenigen Phänomene, die weder Teile des einen noch des anderen noch der gemeinsamen Schnittmenge beider sind.

Hierfür lässt sich zweifellos eine ganze Reihe von Beispielen benennen. Etwa alle rein politischen und/oder weltanschaulichen Formen des Fundamentalismus. Oder, sofern es sich um den religiösen Bereich handelt, alle Formen von Religiosität, die zwar kein Atheismus sind, aber auch nicht fundamentalistisch genannt werden können. Also alle argumentationsoffenen Formen von Religion, die den Glauben an einen Gott (oder auch an mehrere Götter) einschließen.

Was heißt aber »argumentationsoffen« im Blick auf Religion(en)? Im Folgenden versuche ich, die wesentlichen Merkmale der »argumentationsoffenen« Religiosität zu rekonstruieren. Ich betrachte dabei eine argumentationsoffene Religiosität bzw. einen solchen Glauben als synonym mit einer aufgeklärten/kritischen Religiosität bzw. einem aufgeklärten/kritischen Glauben.

7. Religion und Argumentation

Viele Wesensmerkmale und Aspekte von Religion(en) und auch des Christentums haben mit Argumentation überhaupt nichts zu tun. Sie spielen nämlich entweder auf einer sehr basalen emotionalen Ebene (in Martin Luthers berühmter Formel: »Woran du dein Herz hängst und worauf du dich verlässest, das ist eigentlich dein Gott«, in Schleiermachers Worten: »Gefühl der schlechthinnigen Abhängigkeit«) oder aber auf einer rein praktischen Ebene. Also einer Handlungsebene, die zwar mit Zeichenkommunikation, aber nicht notwendig mit Argumentation verbunden ist.

Am Beispiel des Christentums gesagt: Christenmenschen staunen über Gott und erzählen von ihren Erfahrungen mit ihm; sie loben und klagen, bitten und danken und feiern Gottesdienste; sie lieben ihre Geschwister, Nächsten und Feinde; sie glauben, hoffen und trösten und tun noch manches mehr. Dies alles macht das Christsein aus, und vieles davon begegnet in dieser oder ähnlicher Form auch in den anderen Religionen. Aber das Christsein hat auch einen rationalen Charakter und schließt insofern die Möglichkeit und sogar Notwendigkeit von Reflexion und Argumentation ein. Ein klassischer Beleg dafür, dass dies von Anfang an ein Wesensmerkmal des Christentums darstellte, ist der für das Christentum zentrale »Logosbegriff« (Joh 1,1-14) in seinen vielfältigen, aber durchgehend »Rationalitäts-affinen« Konnotationen.

Der Berliner Philosoph Holm Tetens hat vor einiger Zeit eine sehr hilfreiche Argumentationstheorie vorgelegt.[48] Er hat an anderer Stelle gezeigt, dass Argumentationen erfolgreich dazu dienen können, unseren Erkenntnisraum auch im Blick auf religiöse bzw. theologische Gegenstände zu erweitern.[49] Ich kann an dieser Stelle weder seine Argumentationstheorie noch deren theologische Anwendung nachzeichnen und begnüge mich daher mit einer weniger differenzierten Unterscheidung, die aber für unsere Zwecke hinreichend sein dürfte.

Wenn man davon ausgeht, dass es (mindestens) dreierlei Arten von Argumentation gibt, die ich im Folgenden als »konklusiv/zwingend«, als »wahrheitsbezogen-offen« und schließlich als »dekonstruktiv-relativistisch« bezeichnen möchte, dann lautet mein Vorschlag, die dem Wesen des Christentums angemessene Argumentationsweise als »wahrheitsbezogen-offen« zu bezeichnen. Warum?

(1) Unter einer dekonstruktiv-relativistischen Argumentationsweise verstehe ich einen Typus von Argumentation, der zu keinen positiven Ergeb-

---

[48] Holm Tetens, Philosophisches Argumentieren. Eine Einführung, München [4]2014.

[49] Holm Tetens, Gott denken. Ein Versuch über rationale Theologie, Stuttgart 2015.

nissen gelangen, sondern alle zur Debatte stehenden Thesen systematisch destruieren möchte. Letztlich bezweifelt dieser Typus die Möglichkeit von Wahrheitsgewinnung, vielleicht sogar die Existenz von Wahrheit, grundsätzlich. Als Relativismus hat er sich in Teilen der postmodernen Philosophie und in Teilen des allgemeinen Bewusstseins »eingenistet«. Der dekonstruktive Relativismus ist begründungsschwach, aber wirkungsmächtig. Da der christliche Glaube seinem Wesen nach aber voraussetzt, (a) dass es Wahrheit gibt, (b) dass Wahrheit für die menschliche Existenz von grundlegender Bedeutung ist und (c) sie auch von Menschen jedenfalls grundsätzlich (und sei es aufgrund von »Offenbarung«) erkannt werden kann, liegt ihm eine dekonstruktiv-relativistische Sicht der Dinge fern.[50]

(2) Erinnerungen III: In einem meiner ersten Studiensemester zu Anfang der 1980er-Jahre belegte ich bei einem theologisch sehr konservativen Theologen ein Seminar über Religionskritik. Wir behandelten »Profile der Religionskritik«. Dazu zählten unter anderen Ludwig Feuerbach, Auguste Comte, Karl Marx, Friedrich Nietzsche und Sigmund Freud. Wenn der Professor seinerseits die Religionskritiker kritisieren wollte, stellte er immerzu Fragen der Art: »Wenn x, y oder z Recht hätte, wozu wäre dann Jesus Christus gekreuzigt worden? Wozu dann noch die Inkarnation?« Und er meinte offenbar, durch diese Suggestivfragen wäre die Religionskritik hinreichend widerlegt. Er begriff gar nicht, dass er in einem rein internen »Sprachspiel« (Wittgenstein) befangen war: Seine Argumentation war ja nur schlüssig in der Binnenlogik dieser Art von Theologie. Innerhalb derselben war sie in gewisser Weise »konklusiv-zwingend«.

Später verstand ich, dass eine »konklusiv-zwingende« Argumentation in mindestens dreierlei Gestalt vorliegen kann:

(a) Zum einen ist jede einzelne formal korrekt durchgeführte Deduktion konklusiv-zwingend. Im Alltagsleben und in der Wissenschaft, in der Religion und in der Theologie vollziehen wir häufig Deduktionen. Allerdings erweitern Deduktionen als Schlüsse vom Allgemeinen auf das Besondere nicht den Wahrheitsraum ihrer Prämissen. Und es fragt sich dann, woher ich um die Wahrheit der Prämissen weiß (im obigen Beispiel: etwa um die Wahrheit des Inkarnationsgedankens). Nur wenn auch die Wahrheit der Prämissen

---

50 Ausführlicher zum Zusammenhang von Wahrheit und Religion(en): Eberhard Martin Pausch, Wahrheitsnähe, Wahrheitsferne. Überlegungen zum Verhältnis von Religionen und Wahrheit, in: NZSTh 63 (2021), S. 145-162; jetzt auch in: ders., Offen, links und frei. Bausteine für einen Protestantismus der Zukunft, Münster 2022, S. 32-50.

als gesichert gelten kann, ist ja auch die Konklusion wahr. Das skizzierte Münchhausen-Trilemma zeichnet sich ab. Und ein weiterer Aspekt: Um in mehr als einem »Sprachspiel« wirksam werden zu können, muss ein Gedanke in andere Sprachspiele »übersetzbar« sein. Darauf wird später - mit Blick auf Jürgen Habermas - noch einzugehen sein.

(b) Zum anderen wäre natürlich jede Art von Letztbegründung, wenn es sie denn gäbe, konklusiv-zwingender Natur. Nehmen wir etwa an, es gäbe einen funktionierenden Gottesbeweis, dann hätten wir ein äußerst relevantes Beispiel für eine solche Argumentation. Allerdings halte ich Immanuel Kants (1724–1804) Nachweis für gelungen, dass es ebenso wenig möglich ist, Gottes Existenz zu beweisen, wie es möglich ist, sie zu widerlegen.[51] Der vielleicht beeindruckendste Versuch der Konstruktion eines Gottesbeweises ist im 20. Jahrhundert Kurt Gödel (1906–1978) gelungen. Die Schwäche dieses Versuches liegt aber in der relativen Unbestimmtheit einiger Grundbegriffe des »Beweises«.[52] Auch weitere, etwa transzendentalpragmatische Letztbegründungsmodelle (Karl-Otto Apel) können bis heute die Mehrzahl der Denkenden nicht überzeugen.

(c) In der Theologie gibt es offenbarungstheologische Konzeptionen, die vorgeben, konklusiv-zwingend argumentieren zu können. Wenn im Rahmen dieser Konzeptionen formal korrekt argumentiert wird, dann ließen sich wahre Aussagen gewinnen, wenn denn die offenbarungstheologisch gesetzten Prämissen wahr wären. Wie will man aber solche Prämissen im Blick auf ihre Wahrheit überprüfen? Wiederum haben wir es mit Axiomen oder Dogmen zu tun. Dietrich Bonhoeffer sprach von der Gefahr des »Offenbarungspositivismus« und bezog diesen Begriff auf eine Form von Theologie,

---

51 Kant hat die Destruktion der Gottesbeweise in der »Kritik der reinen Vernunft« (dort im 3. Hauptstück des Zweiten Buches der »Transzendentalen Dialektik«) durchgeführt. Mit Otfried Höffe lässt sich das Ergebnis seiner umfänglichen Argumentation knapp zusammenfassen: »Gott ist nicht bloß ein möglicher, sondern – in den Grenzen eines transzendentalen Ideals – ein für die Vernunft notwendiger Begriff. Kant verwirft nicht bloß die spekulative Theologie, sondern auch einen spekulativen Atheismus, der die Nichtexistenz Gottes behauptet, darüber hinaus einen Positivismus, der die Vorstellung von Gott für undenkbar und der Vernunft unwürdig hält.« (Otfried Höffe, Immanuel Kant, München [2]1988, S. 163)

52 URL: <https://www.spiegel.de/wissenschaft/mensch/formel-von-kurt-goedel-mathematiker-bestaetigen-gottesbeweis-a-920455.html> (12.5.2022).

die ihm in Gestalt der »Kirchlichen Dogmatik« von Karl Barth begegnete.[53] Wenn es einen »Offenbarungspositivismus« gäbe – ich kann und will das im Blick auf Karl Barth gar nicht entscheiden –, dann hätte dieser zweifellos fundamentalistische Züge.

So viel ist immerhin deutlich: Im Gegensatz zu relativistischen Ansätzen zweifeln radikale »Konklusivisten« keineswegs an der Möglichkeit von Wahrheit und Wahrheitserkenntnis. Sie gehen vielmehr davon aus, dass sie die Wahrheit entweder schon besitzen oder sie auf deduktive Weise sicher ermitteln können.

Wenn die Existenz Gottes – im Anschluss an Kant – weder beweisbar noch widerlegbar ist, dann folgt daraus: Es kann Gott geben. Aber es muss ihn nicht geben. Von Eberhard Jüngel stammt eine in diesem Zusammenhang interessante These. Er sagt nämlich: »Gott ist nicht notwendig. Gott ist mehr als notwendig.«[54] Das sind zwei gehaltvolle Sätze, die erläuterungsbedürftig, weil mehrdeutig sind. Modallogisch gesehen bedeutet der erste Satz jedenfalls: a) Es ist nicht zwingend, dass es Gott gibt. Man kann ihn – ganz im Sinne Kants – nicht beweisen. b) Was nicht notwendig ist, ist kontingent. Es kann Gott daher geben, Gott könnte existieren. Jüngel denkt aber ebenfalls mit, das ist – wenn ich es recht verstehe – wohl mit dem zweiten Satz gemeint: c) Für uns wäre es zweifellos gut, wenn es Gott gäbe. Denn er könnte, ja, er kann, will und wird unsere »Not wenden«. Jüngel hat auch und gerade dies und eben nicht in erster Linie den modallogischen Gehalt des Wortes »notwendig« vor Augen, wenn er das Wort verwendet. Eine konklusivistische, auf jeden Fall aber eine fundamentalistische Auffassung der Existenz Gottes weist Jüngel damit ab.

(3) Was wäre demgegenüber nun eine »wahrheitsbezogen-offene Argumentation«?[55] Ich würde *fünf Merkmale* für einen solchen Argumentationstypus für wesentlich halten:

---

[53] Vgl. DIETRICH BONHOEFFER, Widerstand und Ergebung. Briefe und Aufzeichnungen aus der Haft (DBW 8), hg. v. Christian Gremmels, Eberhard Bethge u. Renate Bethge in Zusammenarbeit mit Ilse Tödt, Gütersloh 1998, S. 404 f. 415 (Briefe vom 30.4.1944 und vom 5.5.1944).

[54] EBERHARD JÜNGEL, Unterwegs zur Sache. Theologische Bemerkungen, München [2]1988, S. 7.

[55] An anderer Stelle habe ich diesen Argumentationstypus auch als »Wahrheitspartizipativismus« oder als »Wahrheitsapproximativismus« bezeichnet und vom

Erstens: Wer wahrheitsbezogen-offen argumentiert, geht von der realen Möglichkeit einer Wahrheitserkenntnis aus.

Zweitens: Wer so argumentiert, weiß aber auch mit Martin Luther, dass kein Mensch »aus eigener Vernunft noch Kraft«[56], also auch nicht mit Hilfe von Argumenten und Argumentation, zum Glauben an Gott kommen kann. Um zum Glauben zu kommen, bedarf es vielmehr des Wirkens Gottes des Heiligen Geistes.

Drittens: Wahrheitsbezogen-offene Argumentationen schließen Kritik, Zweifel, Selbstkritik und Selbstzweifel ein (Fallibilismus).

Viertens: Wer wahrheitsbezogen-offen argumentiert, respektiert die elementaren Gesetze der Logik (etwa das Widerspruchsprinzip). Denn mit ihrer Hilfe operiert kritisches Denken und ist deshalb auch anschlussfähig an andere Denkparadigmen.

Fünftens: Solche Argumentationen sind weder relativistisch noch konkludent, sondern zeigen jeweils plausible Möglichkeiten auf und laden zum Mitdenken, zum Prüfen und ggf. zur Akzeptanz ein.[57]

Erinnerungen IV: Ein sehr schönes Beispiel aus der Literatur für eine solche Form von Argumentation bietet das bekannte theologische Zwiegespräch zwischen »Robinson« und »Freitag« aus Daniel Defoes (1660–1731) klassischem Roman »Robinson Crusoe«, das mich schon als Kind bei meiner ersten Lektüre beeindruckte: Freitag lässt sich von Robinson überzeugen, dass Gott allmächtig und allgütig sei und damit mächtiger als der »alte Benamuki«, an den er bis dahin geglaubt hatte. Freitag bringt dann aber Robinson in Bedrängnis, indem er ihn immer wieder fragt, warum Gott denn nicht den Teufel beseitige, wenn er doch allmächtig und allgütig sei. Robinson hat zunächst Mühe, diese Facette der Theodizee-Problematik abzuwehren, kommt dann aber doch auf den Gedanken, der allgütige Gott wolle eben den Menschen (und auch dem Teufel) womöglich Zeit geben, um sich zu bekehren und ihre (bzw. seine) Sünden zu bereuen. Alle könnten somit bereuen, und womöglich werde Gott dann auch allen verzeihen. Damit leuchtet

---

Dogmatismus, Pluralismus, Indifferentismus, Egalismus und Skeptizismus abgegrenzt (vgl. E. M. PAUSCH, Wahrheitsnähe, Wahrheitsferne [s. Anm. 50]).

56 So bekanntlich die Ausführungen MARTIN LUTHERS zur Auslegung des Glaubensbekenntnisses im »Kleinen Katechismus« (BSLK, Göttingen [10]1986, S. 511 f.).

57 Argumentationslogisch kann man diese Formen von Argumentationen (im Anschluss an Charles Sanders Peirce) als induktive und/oder abduktive Schlussfolgerungsfiguren ansprechen.

sogar die Möglichkeit der »Allversöhnung« am Horizont auf. Es ist und bleibt dieses Zwiegespräch, dessen Argumente auch heute noch – mutatis mutandis – theologisch verwendbar sein könnten, ein Beispiel für eine wahrheitsbezogene, aber offene Form religiös-theologischer Argumentation.[58]

8. Zur Praxis wahrheitsbezogen-offener Argumentationen

Was bedeutet dies nun ganz praktisch für die Lebenspraxis der Christinnen und Christen und für die Theologie? Hierzu einige knappe Hinweise:

Erstens: Wenn Christenmenschen oder christliche Theologinnen und Theologen für ihren Glauben oder für ihre Glaubenslehre argumentieren, dann können sie weder auf ein unbezweifelbares Prinzip, ein Axiom, zurückgreifen noch können sie zwingende Gründe für ihren Glauben oder die Wahrheit ihrer Glaubenslehre vorweisen.

Zweitens: Sie müssen aber weder in einen unendlichen Regress noch in einen logischen Zirkel geraten. Derartige Sackgassen können sie vermeiden, weil für sie das Regelwerk der allgemeinen Logik von grundlegender Bedeutung für religiöse und theologische Argumentationen ist.

Drittens: Christen oder christliche Theologinnen sollten jeweils einige gute Gründe (»argumentative Perlen«) für ihren Glauben und/oder die mit ihm verbundene Glaubenslehre vortragen und die Menschen, mit denen sie im Gespräch sind, dadurch einladen, sich ebenfalls mit diesem Glauben und seiner Glaubenslehre zu befassen. Es geht dabei um Einladung, um Anregung, sich mit dem Glauben und seiner Lehre zu beschäftigen oder auch zu identifizieren. Nicht mehr und nicht weniger kann Argumentation hier leisten. Was darüber hinausgeht, ist Sache Gottes des Heiligen Geistes.

Viertens: Christenmenschen können dort, wo sie sich zur Argumentation eingeladen oder herausgefordert sehen, dies in ganz und gar entlasteter Weise tun, weil sie wissen, dass Argumentation (»menschliche Vernunft und Kraft«) ohnehin niemanden zum Glauben führen kann. Argumente können den Glauben nur klären, stärken, zu seiner Weiterentwicklung beitragen. Zum Glauben führen kann nur Gott als der Heilige Geist selbst.

Fünftens: Christenmenschen können und sollten daher vorrangig auf die Pflege ihrer genuinen Praxis setzen, also auf ihr Leben in Gottesdienst und Ritus (Leiturgia), Gemeinschaft (Koinonia), Dienst an der Welt und den Menschen (Diakonia) und »Zeugenschaft« (Martyria). Die Lebens- und Glau-

---

[58] URL: <http://www.zeno.org/Literatur/M/Defoe,+Daniel/Romane/Robinson+Crusoe/Achtzehnter+Abschnitt> (12.5.2022).

benspraxis der Christenheit ist also das Primäre, ihre reflexive und argumentative Präsenz das Sekundäre.[59]

Der Sozialphilosoph Jürgen Habermas resümiert in seinem Alterswerk »Auch eine Geschichte der Philosophie« nach weit ausholenden Reflexionen zum historischen und systematischen Verhältnis von Glauben und Wissen, dass der Religion sehr wohl eine Zukunftsfähigkeit zukomme. Er begründet dies einerseits mit dem Hinweis auf ihre lebensweltliche Alltagspraxis, die Menschen beispielsweise Trost vermitteln könne, andererseits mit dem »Übersetzungs-Theorem«, also der zuversichtlich gestimmten Behauptung, dass sich bestimmte semantische Gehalte der Religion in säkulare Sprache übersetzen lassen könnten. Deshalb komme es für die Religion(en) einerseits darauf an, ihre genuine Praxis von Gottesdienst, Kultus und Ritus zu leben und andererseits im Dialog mit der säkularen Vernunft die Möglichkeit einer Übersetzung ihrer semantischen Gehalte zu erproben - mit Wittgenstein gesprochen: von einem »Sprachspiel« in das andere. Diese beiden Fähigkeiten zusammen können laut Habermas dazu beitragen, das »Überleben« religiöser Lehren in der Moderne zu sichern.[60]

Habermas führt schließlich aus: »Der Ritus beansprucht, die Verbindung mit einer aus der Transzendenz in die Welt einbrechenden Macht herzustellen. Solange sich die religiöse Erfahrung noch auf diese Praxis der Vergegenwärtigung einer starken Transzendenz stützen kann, bleibt sie ein Pfahl im Fleisch einer Moderne, die dem Sog zu einem transzendenzlosen Sein nachgibt - und so lange hält sie auch für die säkulare Vernunft die Frage offen, ob es unabgegoltene semantische Gehalte gibt, die noch einer Übersetzung ›ins Profane‹ harren.«[61]

9. Umgang mit dem Atheismus und dem Fundamentalismus

Wie kann und sollte man mit Atheismus und Fundamentalismus umgehen? Im Anschluss an meine obigen Ausführungen meine ich, es gibt mindestens fünf Möglichkeiten des Umgangs mit Atheismus und Fundamentalismus:

---

59 Sekundär heißt dabei aber nicht: unwichtig oder gar entbehrlich.

60 Jürgen Habermas, Auch eine Geschichte der Philosophie, Bd. 2: Vernünftige Freiheit. Spuren des Diskurses über Glauben und Wissen, Frankfurt a.M. 2019, S. 699-702. – Seit seinem Vortrag über »Glauben und Wissen« anlässlich der Verleihung des Friedenspreises des Deutschen Buchhandels an ihn im September 2001 ist für Habermas der Gedanke der Möglichkeit und Notwendigkeit einer kooperativen Übersetzung der semantischen Gehalte von Religion immer wichtiger geworden.

61 J. Habermas, Auch eine Geschichte der Philosophie, Bd. 2 (s. Anm. 60), S. 807.

(1) die rechtsstaatliche Einhegung gefährlicher Ausprägungen (insbesondere des Fundamentalismus), (2) das Angebot der Argumentation, (3) die Infragestellung durch Subversion, (4) Mitmenschlichkeit, Menschenfreundlichkeit, Nächstenliebe. Aus der Nächstenliebe kann Vergebung (5) folgen oder jedenfalls eng mit ihr verbunden sein.

(1) Im Blick auf den Fundamentalismus muss ja, wie oben ausgeführt, unterschieden werden zwischen dem gewaltbereiten und dem nicht gewaltbereiten Fundamentalismus. Der nicht gewaltbereite Fundamentalismus kann und sollte zum Beispiel im Blick auf seine – und sei es nur in Restbeständen vorhandene – Argumentationsbereitschaft befragt werden, und ihm sollte in liebevoller Weise begegnet werden. Mit dem gewaltbereiten Fundamentalismus kann es hingegen keine gemeinsame Ebene geben. Hier ist primär der konsequent agierende Rechtsstaat, hier sind Politik, Polizei und Gerichte gefordert, um gewaltsame Ausprägungen des Fundamentalismus (etwa des Islamismus) einzuhegen.[62]

(2) Im Blick auf den Atheismus ist wiederum die Unterscheidung der oben aufgezeigten fünf Typen wichtig, denn eine generelle Empfehlung für den Umgang mit diesem Phänomen lässt sich nicht geben. Die drei prinzipiell argumentationsoffenen Formen des Atheismus bieten ohnehin rationale Anknüpfungspunkte. Das ist beim aggressiven Atheismus anders, da er, wie gezeigt, im Grunde eine Form des Fundamentalismus darstellt. Folglich kann mit ihm nur so umgegangen werden wie mit Fundamentalismus überhaupt. Vielleicht ist der am schwierigsten zu behandelnde Fall der des gleichgültigen Atheismus. Allenfalls kann da ein menschlicher Anknüpfungspunkt gesucht werden – es sei denn, derjenigen Person sei schlichtweg alles gleichgültig. Letzteres ist immerhin kaum denkbar. Argumentative Wege zum aggressiven oder zum gleichgültigen Atheismus sehe ich dagegen nicht.

(3) Der Philosoph Hubert Schleichert (1935–2020) hat sich bereits in den 1990er-Jahren in einer Publikation ausführlich mit der Frage beschäftigt, ob und wie man ggf. mit Fundamentalisten diskutieren könne.[63] Er stellt in seinem Buch zunächst eine ganze Reihe von Argumentationsmustern vor,

---

[62] Vorrangig braucht es indes präventive Maßnahmen, um das Entstehen, das Wachstum und die Verbreitung des gewaltbereiten Fundamentalismus zu verhindern oder einzuschränken.

[63] Hubert Schleichert, Wie man mit Fundamentalisten diskutiert, ohne den Verstand zu verlieren. Anleitung zum subversiven Denken, München 1997.

die in Diskursen typischerweise vorkommen: Gerechtigkeits- und Gleichheitsargumente, Dilemmata und Fallunterscheidungen, Relativierungen, das »slippery-slope«-Argument, Analogien und Gleichnisse, Quellenargumente und Argumente ad hominem (usw.). Er untersucht die Anwendung all dieser Argumente auf religiöse Fundamentalismen und kommt schließlich zum Ergebnis: Ideologien sind unempfindlich gegen Kritik, und konklusive Argumente greifen nicht bei ihnen. Daher bedürfe es, so Schleichert, einer »subversiven Vernunft«, die sich eher am »guten Geschmack«[64] zu orientieren habe als an einer intersubjektiv ausweisbaren Rationalität. Schleicherts Überlegungen haben sich als Beispiel die christliche Religion gewählt. Er zweifelt an ihrer Rationalität und verzweifelt am Ende scheinbar, denn er sieht den christlichen Fundamentalismus offenbar als typisch für den christlichen Glauben an und rechnet diesem daher keine Argumentationsoffenheit zu. Dem wäre, wie unsere Ausführungen gezeigt haben sollten, in doppelter Hinsicht zu widersprechen: (a) Die christliche Religion und die christliche Theologie sind insgesamt wahrheitsbezogen-argumentationsoffene Systeme. (b) Subversion ist eine, aber sicher nicht die einzige Weise, wie mit Fundamentalismus umgegangen werden kann.

(4) Wer fundamentalistisch denkt, ist in aller Regel ebenfalls argumentativ nicht erreichbar. Aber die Erfahrung zeigt, dass es gelegentlich gelingen kann, solche Menschen durch Menschlichkeit zu beeindrucken. Freundlichkeit und Mitmenschlichkeit können Türen und Herzen öffnen. Vielleicht sind Fundamentalisten ja nur, wie manche Psychologinnen vermuten, Menschen, die in ihrem Leben eine große Verlustangst haben oder aber sich gekränkt oder abgewertet fühlen. Wenn es gelänge, ihnen ihre Angst zu nehmen oder ihnen Achtung und Wertschätzung entgegenzubringen, könnten manche von ihnen möglicherweise offener werden. Ob dem so ist, sollte durch das faire und ernst gemeinte Angebot menschlicher Nähe erkundet werden.[65]

---

[64] Das ist insofern ein wichtiger Hinweis, als von diesem Ausgangspunkt zwar humorvolle Kritik, Spott und Satire im Blick auf Religion möglich sein müssen, aber die Bissigkeit dieser Instrumente der Kritik sollte auch Grenzen haben. Hohn und Zynismus, maßlos verletzende Äußerungen haben mit »gutem Geschmack« nichts zu tun – sie sind ästhetisch, vor allem aber ethisch zu beanstanden.

[65] Allerdings ist auch mit der Möglichkeit zu rechnen, dass sich die genannten psychischen Befindlichkeiten in krankhafter bzw. wahnhafter Weise ausprägen. Dann wird vor allem medizinische Hilfe benötigt.

(5) »Meinen Hass bekommt ihr nicht.«[66] Als islamistische Terroristen im November 2015 im Konzertsaal Le Bataclan in Paris neben vielen anderen Menschen die Frau des Journalisten Antoine Leiris ermordeten, sagte er diesen Satz und schrieb ein Buch, um diesen Gedanken zu begründen. Christinnen und Christen sprechen in diesem Zusammenhang von »Vergebung«. Nicht jeder Mensch wird in jeder Phase oder Situation seines Lebens zur Vergebung fähig sein. Eine christliche Möglichkeit, mit Fundamentalismus und Atheismus umzugehen, bleibt sie aber allemal - eine christliche Handlungsweise im Geist der Bergpredigt (Mt 5,38-42).

10. Das Fundament des christlichen Glaubens

Der Begriff des »Fundamentalismus« erinnert zu Recht daran, dass der christliche Glaube sich selbst durchaus zuschreibt, ein Fundament, also einen tragfähigen Grund zu haben. Sein Fundament ist aber gewiss keine Addition und auch kein System von hermeneutischen und inhaltlichen Glaubenssätzen oder von Ge- und Verboten, sondern - im Sinne des Apostels Paulus - eine Botschaft, eine liebevolle[67] »Message« Gottes, die ihren Ursprung in der Person des Jesus von Nazareth hat, der von Jüngerinnen, Jüngern und Aposteln als »Christus« verstanden und bekannt wurde: »Einen andern Grund kann niemand legen außer dem, der gelegt ist, welcher ist Jesus Christus.« (1Kor 3,11)

Demnach hätten der Glaube und die Gemeinschaft der Glaubenden (= die Gemeinde, die Kirche) sehr wohl ein Fundament - allerdings ein unverfügbares Fundament, denn Jesus Christus bleibt sowohl als historische Person als auch als Botschafter bzw. »Sohn« Gottes und somit hinsichtlich seiner Botschaft für uns unverfügbar. Wir können nur versuchen, uns in aller Demut und Vorsicht der durch ihn erschlossenen »Wahrheit des Evangeliums« anzunähern und auf das Geschenk der Einsicht durch Gott den Heiligen Geist hoffen. Da wir jederzeit mit der Möglichkeit rechnen müssen, uns zu irren, wird die von uns versuchte Bewegung der Annäherung (»Approximation«) immer auch die Notwendigkeit einschließen müssen, problematische Sätze, Aussagen, Propositionen zu falsifizieren. Eine kritische Aufgabe stellt sich für den Glauben und die Theologie vor allem dann, wenn

---

[66] Antoine Leiris, Meinen Hass bekommt ihr nicht, München 2016.

[67] Im wahrsten Sinne des Wortes »liebevoll«: Denn es geht um Liebe dabei, um Nächstenliebe in ihrer umfassendsten und faszinierendsten Form, wie Paulus sie in kaum überbietbar poetischen Worten in seinem »Hohelied der Liebe« (1Kor 13) beschreibt.

jemand behauptet, er oder sie könne über das unverfügbare Fundament »Jesus Christus« verfügen. *An keiner Stelle ist unser kritisches Urteilsvermögen, ist unsere aufklärerische Vernunft mehr gefragt, und zwar im Modus des Widerspruchs.*

Jesus Christus als die Anrede Gottes an uns Menschen ist, recht verstanden, ein unverfügbares, ein bewegliches Fundament. Also weder ein Stecknadelkopf noch eine Tischplatte, sondern eher ein Kahn auf einem See. Wer sich auf ihn einlässt, der könnte wie der Dichter Friedrich Hölderlin (1770-1843) die Erfahrung machen, dass er schon bald nicht mehr weiß, wo vorne und hinten ist, wo oben und wo unten, wo der Kahn und wo der See.[68] An Jesus Christus glauben, hieße dann, immer eine Sehnsucht »ins Ungebundene« (= nach der Freiheit) im Herzen zu tragen und demjenigen, den oder das man liebt, die Treue zu bewahren. Und sich dabei wiegen zu lassen – »wie auf schwankem Kahne der See«.

»Und immer / ins Ungebundene gehet eine Sehnsucht. Vieles aber ist / zu behalten. Und not die Treue. / Vorwärts aber und rückwärts wollen wir / nicht sehn. Uns wiegen lassen, wie / Auf schwankem Kahne der See.« (Friedrich Hölderlin, Mnemosyne)

Zusammenfassung

Atheismus ist vielgestaltig, Fundamentalismus ebenfalls. Beide bekämpfen einander teilweise, haben aber auch eine Schnittmenge: den fundamentalistischen Atheismus. Fundamentalismus aller Art hat zwei Wesensmerkmale: Er steht für Argumentationsverweigerung, und er sieht sich als letztlich alternativlos an. Dem christlichen Glauben angemessen ist dagegen eine wahrheitsbezogen-offene Form von Argumentation, die sich durch ihre Wahrheitsbezogenheit vom Relativismus, durch ihre Offenheit vom Fundamentalismus abgrenzt. Im Blick auf den Atheismus und den Fundamentalismus gibt es verschiedene Möglichkeiten des Umgangs. Vielleicht sind dabei Mitmenschlichkeit und Menschenfreundlichkeit wichtiger als alles andere. Mit Jesus Christus hat der christliche Glaube ein unverfügbares Fundament, das zur Menschenfreundlichkeit im Geist der Nächstenliebe anleitet.

---

68 In diesem (beschränkten) Sinne stimme ich auch SÖREN KIERKEGAARD (1813–1855) zu, der den Glauben als ein »Wagnis« und einen »Sprung« versteht. Allerdings kann und darf das emotionale Wagnis des Glaubens nicht dazu führen, seine kritische und argumentative Vernunft zu verabschieden.

Ingo Zöllich

Zum Glück nicht allein

Lebenskunst eines liberalen Christen

Mit Vorbildern aus dem liberalen Christentum hat diese Tagung zum »Christsein im Alltag« begonnen, mit einem fast alltäglichen liberalen Christen will ich sie enden lassen. Karel van Wieringen wurde 1946 in Den Haag geboren. Seine Mutter war Remonstrantin, konvertierte aber bei der Hochzeit in die Kirche seines Vaters, die »gereformeerde kerk«, in der Karel in einigermaßen offener Atmosphäre kirchlich sozialisiert wurde. Aus beruflichen Gründen zog er später mit seiner Familie nach Kesteren, einem Städtchen in der Betuwe, wo eine dezidiert liberale Gemeinde im Entstehen begriffen war. In den Jahren 2012/13 nahm er in der Gemeinde an einem Gesprächskreis über christliche Lebenskunst teil. Das Thema begeisterte ihn so sehr, dass er es danach weiterverfolgte. Der damalige Pfarrer der Gemeinde, Jan Offringa, führte 2014 mit einzelnen Gemeindemitgliedern Gespräche über Glaubensthemen und veröffentlichte sie unter dem Titel »Gott ist nicht zu fangen. Unorthodoxe Gespräche über sich ändernden Glauben«.[1] Mit Karel van Wieringen sprach er über Lebenskunst. Van Wieringen hat weder Theologie noch Philosophie studiert, ist also kein »Profi« in Sachen christlicher Lebenskunst, sondern einfach ein Mensch, dem sie in seinem Leben wichtig geworden ist. Ich denke, an seinem Beispiel lässt sich gut zeigen, wie liberales Christentum im Alltag von Menschen relevant werden kann.

Was bedeuten die Begriffe »Lebenskunst« und »liberales Christentum«? Damit werde ich meinen Beitrag beginnen. Danach soll es um den Begriff

---

1 Jan Offringa / Evert van Baren (Hg.), God is niet te vangen. Onorthodoxe gesprekken over veranderend geloof, Middelburg 2014. Alle Übersetzungen aus dem Niederländischen in diesem Beitrag stammen von mir. – Zum Lebensweg von Karel van Wieringen vgl. a.a.O., S. 85 f.

von Lebenskunst gehen, um ihr Ziel, ihre ästhetische und ethische Dimension, und dann um vier Spannungsfelder, innerhalb derer wir uns heute als christliche Lebenskünstlerinnen und Lebenskünstler bewegen. Zum Glück sind wir nicht allein unterwegs – das scheint mir der wesentliche liberalchristliche Beitrag zur Lebenskunst-Debatte zu sein, den ich am Schluss noch etwas breiter ausführen werde.

1. Begriffsklärungen

1.1 Lebenskunst

»Lebenskunst wird beschrieben als das Streben, seinem alltäglichen Leben wohldurchdacht Stil und Form zu geben«, meint Pfarrer Offringa, um sogleich zu ergänzen: »Auch andere Beschreibungen und Definitionen machen die Runde.«[2] Wer von »Lebenskunst« spricht, lehnt eine fatalistische Weltdeutung ab. Was geschieht, ist weder durch eine Gottheit vorherbestimmt noch durch natürliche Ursache-Wirkungs-Zusammenhänge vorab festgelegt. Die Rede von »Lebenskunst« nimmt unsere alltägliche Erfahrung ernst, dass wir unser Leben gestalten können. »Kunst« steht damit begrifflich im Gegensatz zur »Natur«: »Kunst« ist es, wenn Menschen durch kreative Prozesse gestaltend auf die »Natur«, die sie vorfinden, einwirken. Wie man das tun soll, unter welchen Voraussetzungen, auf welche Weise und mit welchem Ziel, ist Gegenstand der Lebenskunst-Debatte.

Bereits in der antiken griechischen Philosophie wurde intensiv über Lebenskunst nachgedacht.[3] In der entstehenden christlichen Kirche wurde das Thema dann jedoch zunächst nur bruchstückhaft aufgegriffen. Während der Alten Kirche und des Mittelalters, als die Theologie die Philosophie dominierte, spielte es keine nennenswerte Rolle in den Debatten. Das änderte

---

2 »Levenskunst wordt wel omschreven als het streven om je leven van alledag stijl en vorm te geven. Maar ook andere omschrijvingen en definities doen de ronde.« (a.a.O., S. 86) Zur Vielfalt der Lebenskunst-Konzepte vgl. allein die »kleine« Bibliographie bei PETER BUBMANN / BERNHARD SILL, Christliche Lebenskunst, Regensburg 2008, S. 384-386.

3 Vgl. zur Lebenskunst in der Geschichte von Philosophie und Theologie PETER BUBMANN / BERNHARD SILL, Art. Lebenskunst, in: Das Wissenschaftlich-Religionspädagogische Lexikon im Internet (WiReLex), Jg. 2016, URL: <https://www.bibelwissenschaft.de/wirelex/das-wissenschaftlich-religionspaedagogische-lexikon/wirelex/sachwort/anzeigen/details/lebenskunst-1/ch/7d046ea7a920dd6d0f31d6bbe1ddd9f4/> (27.9.2022), S. 1-4.

sich erst mit dem Humanismus. Im 20. Jahrhundert waren es dann die Philosophen Michel Foucault, Paul van Tongeren und Wilhelm Schmid, die es mit je eigenen Akzenten wieder auf die Agenda setzten.[4] Zuweilen schwingt bei ihnen ein Christentums-kritischer Akzent mit. So stünde das Christentum mit seinem Ideal der Selbstverleugnung dem Konzept der Lebenskunst geradezu feindlich gegenüber, meinte Foucault. Demgegenüber ist aus liberal-christlicher Sicht zu sagen, »dass es im Christentum gerade um die bewusste Bejahung und, soweit möglich, um die kreative Formgebung dieses Daseins geht«.[5]

Karel van Wieringen überzeugt die Definition von Lebenskunst des Philosophen Dick Kleinlugtenbelt: »Lebenskunst ist die Sorge um eine gelassene und freundschaftliche Beziehung zu uns selbst und zu anderen.«[6] Und das ist nun wahrlich eine christliche Sorge!

1.2 Liberales Christentum

Eine feste Definition liberalen Christentums gibt es nicht und kann es wohl auch angesichts des liberalen Anliegens nicht geben. Dem Bund für Freies Christentum zufolge handelt es sich um »eine persönlich verantwortete, undogmatische, weltoffene Form des christlichen Glaubens«, die »ein breites Spektrum von Auffassungen zu integrieren«[7] sucht. Was liberales Christentum ist, lässt sich gut anhand von Karel van Wieringens Gemeinde De Voorhof im Vergleich zur traditionellen »hervormden« Gemeinde in Kesteren beschreiben. Die Voorhof-Gemeinde geht in ihrer Arbeit von fünf Ausgangspunkten aus, die richtunggebend für das Denken und Handeln der Gemeinde sind:[8]

---

4 Vgl. Jan Offringa, Creativiteit, in: Liberaal Christendom. Ervaren, doen, denken, hg. v. Rick Benjamins, Jan Offringa u. Wouter Slob, Vught 2016, S. (207-215) 213.

5 »Daartegenover zullen liberale theologen benadrukken dat het in het christendom juist om de bewuste beaming en, voor zover mogelijk, de creatieve vormgeving van dit bestaan gaat.« (a.a.O., S. 214)

6 »Levenskunst ist de zorg voor een beheerste en bevriende relatie met onszelf en met anderen.« (J. Offringa / E. van Baren [Hg.], God is niet te vangen [s. Anm. 1], S. 87)

7 Cover der Zeitschrift »Freies Christentum«, z.B. bei der Ausgabe 5/2022.

8 Vgl. URL: <http://www.voorhofkesteren.nl/> (27.9.2022).

(1) Inspiration durch biblische Erzählungen über Gott und Menschen;
(2) Dienst an denen, die Unterstützung nötig haben;
(3) Offenheit für das, was sich in Gesellschaft und Welt abspielt;
(4) Gerichtetsein auf Glaubensbesinnung und Lebensvertiefung;
(5) Respekt sowohl für Gleichgesinnte als auch für Andersdenkende.

Demgegenüber heißt es in der Selbstvorstellung der Hervormde Gemeente Kesteren: »In unserer reformierten Gemeinde steht die Bibel, das Wort Gottes, im Mittelpunkt. Gott hat uns zu dem Zweck geschaffen, zu Seiner Ehre zu leben und Seinen Namen groß zu machen. Aber im Paradies haben wir gesündigt und darum können wir nicht vor Ihm bestehen. Aus Liebe gab Gott Seinen Sohn, den Herren Jesus, der am Kreuz auf Golgatha starb, so dass jeder Mensch, der an Ihn glaubt, nicht verloren geht, sondern das ewige Leben hat!«[9]

Im liberalen Christentum spricht man eher von »biblischen Erzählungen« statt von der Bibel als dem Wort Gottes. Als christliche Aufgabe betrachtet man mehr den Dienst am Nächsten anstatt das Großmachen des Namens Gottes. Statt die überkommene christliche Lehre von Sündenfall und Erlösung nachzusprechen, ist man offen für die Gegenwart in seiner Umgebung und weltweit. Es geht liberalen Christenmenschen nicht um das Fürwahrhalten überkommener Glaubenslehren als Eintrittskarte ins ewige Leben, sondern um Besinnung und Vertiefung im gegenwärtigen Dasein. Das alles müssen zwar keine Gegensätze sein, aber die Gegenüberstellung dürfte doch deutlich machen, worum es dem liberalen Christentum geht. Klar, dass »Lebenskunst« für Karel van Wieringen und Jan Offringa in der Voorhof-Gemeinde ganz anders aussieht als in Hervormd Kesteren!

---

9 »In onze Hervormde gemeente staat de Bijbel, het Woord van God, centraal. God heeft ons geschapen met als doel om tot eer van Hem te leven en Zijn Naam groot te maken. Echter in het paradijs hebben wij gezondigd en daarom kunnen wij niet voor Hem bestaan. Uit liefde gaf God Zijn Zoon, de Heere Jezus, Die stierf aan het kruis op Golgotha. Zodat ieder mens die in Hem gelooft niet verloren gaat, maar het eeuwige leven heeft!« (URL: <https://www.hervormdkesteren.nl/> [27.9.2022])

2. Zum Glück? Ziel und Dimensionen liberal-christlicher Lebenskunst

2.1 Ziel liberal-christlicher Lebenskunst

»Wenn es um dein Wohlergehen und Glück geht, spielt der andere immer mit«,[10] meint Karel van Wieringen. Lebenskunst zielt auf das Glück von Menschen, auf ihr Wohlergehen. Das schwingt schon im Begriff der »Kunst« mit. Kunst meint zwar wörtlich genommen alles, was Menschen gestalten, aber die Richtung wird doch mitgehört, es schön und gut zu machen; Lebenskunst will Glück befördern.[11]

Ein gerade in christlichen Kreisen häufig geäußerter Einwand ist, dass Leben nicht machbar sei. Es werde uns geschenkt und sei hinsichtlich seiner Glücksmomente und seiner Schicksalsschläge weder berechenbar noch gestaltbar. Dieser Einwand stimmt nun allerdings auch wieder nur teilweise, denn schließlich können wir durch unser Handeln sehr wohl etwas für unser Glück und das Glück anderer tun, wenn wir es auch nicht vollständig in der Hand haben.

Ein anderer Einwand ist, dass das Streben nach Lebensglück oft ziemlich selbstbezogen daherkommt. Tatsächlich gelten als erfolgreiche Lebenskünstler diejenigen, die sich besonders glücklich zeigen.[12] »Zu viele Menschen sind täglich damit beschäftigt zu erklären, inwiefern sie wichtig oder interessant sind. Unsere Egokultur regt dazu an, sich auf solch aufgespielte Weise zu präsentieren«,[13] meint Pfarrer Offringa. Das ist nun gerade nicht Karel van Wieringens Anliegen. Ihm geht es vielmehr um die anderen, um die Gesellschaft und um unsere Welt. Dazu später mehr. Es geht auch nicht um einen Dauer-Glückszustand. Glück ist ja etwas, das aufblitzt; es flacht wieder ab, wenn Erreichtes zur Gewohnheit wird. Wer ständig »Glück« in

---

10 »Als het om je welzijn en geluk gaat, doet de ander altijd mee.« (J. OFFRINGA / E. VAN BAREN [Hg.], God is niet te vangen [s. Anm. 1], S. 88)

11 »Ansätze einer Lebenskunst können als Spielarten jenes Prinzips der Prinzipien der praktischen Philosophie der griechischen Antike [...], nämlich des Prinzips des Glücks (eudaimonía) gelten, das Aristoteles als das Ziel, wonach alle Menschen streben, ausgemacht und der Geschichte der Lebenskunst als Erbe eingestiftet hat.« (P. BUBMANN / B. SILL, Art. Lebenskunst [s. Anm. 3], S. 2)

12 Vgl. P. BUBMANN / B. SILL, Christliche Lebenskunst (s. Anm. 2), S. 9.

13 »Te veel mensen zijn dagelijks bezig uit te leggen hoe belangrijk en interessant ze wel niet zijn. Onze egocultuur stimuleert het om jezelf op deze opgeklopte wijze te presenteren.« (J. OFFRINGA / E. VAN BAREN [Hg.], God is niet te vangen [s. Anm. 1], S. 96)

diesem Sinne erfahren will, braucht dann bald den nächsten Kick. »Glück« als Ziel christlicher Lebenskunst meint hingegen eher den Zustand, den man vielleicht mit »Zufriedenheit«, »Mit-sich-selbst-und-anderen-im-Reinen-sein« beschreiben könnte. Wenn es nicht so weltfremd klingen würde, dann würde ich von »Glückseligkeit« sprechen.

»Selig sind ...«, lässt der Evangelist Matthäus Jesus die Bergpredigt (Mt 5-7) beginnen, ein im liberalen Christentum häufig zitierter biblischer Text. Selig oder griechisch μακάριος, das bedeutet einfach »glücklich«. Glück kann schon von daher als Ziel christlicher Lebenskunst beschrieben werden. Aber wen nennt Jesus glücklich? »Die da geistlich arm sind«, »die da Leid tragen«, »die hungert und dürstet nach der Gerechtigkeit«, »die um der Gerechtigkeit willen verfolgt werden« - allesamt keine Leute, die man gemeinhin als »glücklich« bezeichnen würde; auch sie selbst würden es wohl nicht tun. Eher täten das schon die »Sanftmütigen«, die »Barmherzigen«, die, »die reinen Herzens sind«, und die, »die Frieden stiften«. Sie mögen aus gutem Grund mit sich selbst zufrieden sein, angesichts von Gewalt und Krieg in der Welt werden aber auch sie nicht wirklich »glücklich« sein. Ihr Handeln zielt vielmehr auf das Glück anderer, und wo es gelingt, da blitzt das Glück auf, da zeigt sich das Reich Gottes inmitten unseres ansonsten nicht immer glücklichen Daseins.

Weil man zwar in Richtung auf das Lebensglück hin handeln kann, es aber letztlich doch nicht in der Hand hat, ob es gelingt; weil Lebensglück insofern also nicht herstellbar oder machbar ist, spricht Karel van Wieringen lieber davon, »ons leven leefbaar [te] maken«,[14] wie er auf Niederländisch sagt. »Leefbaar«, das Wort gibt es als solches im Deutschen nicht, »lebbar«, was soll das sein? Wörterbücher übersetzen »leefbaar« mit »bewohnbar«, »lebenswert«, »lebensfähig«. Da ist das Ziel etwas realistischer gesetzt. Bei Lebenskunst geht es darum, dass wir und andere leben *können*. Und das heißt in Karel van Wieringens Worten, »das Leben anderer etwas angenehmer zu machen«.[15] Etwas angenehmer. Glücklicher. Schritte in die richtige Richtung.

---

14 So der Titel des Gesprächs von Offringa und Van Wieringen, a.a.O., S. 85.

15 »[...] het leven van anderen wat veraangenamen.« (a.a.O., S. 87)

2.2 *Die ästhetische Dimension von Lebenskunst*

Als Jesus »das Volk sah, ging er auf einen Berg. Und er setzte sich, und seine Jünger traten zu ihm. Und er tat seinen Mund auf, lehrte sie und sprach: ›Selig sind ...‹« (Mt 5,1-3).

So beginnt die Erzählung von der Bergpredigt. Der Evangelist Matthäus stellt die dann folgenden Worte Jesu in einen außergewöhnlichen Rahmen. Er lässt Jesus auf einen Berg gehen wie einst Mose, und er lässt ihn sich vor seinem Auditorium hinsetzen, wie es für antike Lehrer üblich war. Seinen überwiegend ethischen Ausführungen geht diese ästhetische Inszenierung des Evangelisten voraus. Jesus redet nicht einfach, sondern er redet mit der Autorität eines Lehrers. Und die Jünger fangen nicht einfach an zu tun, sondern sie hören erst einmal. Sie nehmen Jesu Worte wahr.

»Lebenskunst« war in der Philosophie lange vor allem ein ethisches Projekt. Die Theologen Peter Bubmann und Bernhard Sill haben ihre ästhetische Dimension stark gemacht. Lebenskunst ist nämlich zuerst eine »Kunst der Wahrnehmung«, so die wörtliche Bedeutung von Ästhetik. Angemessen handeln kann ich nur, wenn ich über die Bedingungen und Folgen meines Handelns Bescheid weiß. In ihrer ästhetischen Dimension ist »Lebenskunst« daher eine Bildungsaufgabe, und da berührt sie sich deutlich mit dem liberalen Christentum, dem es besonders um die Bildung des Menschen geht, um das Sich-Bilden des Menschen. »Selbst werde ich stärker genährt durch gemeinsames Lernen«,[16] sagt Karel van Wieringen.

2.3 *Die ethische Dimension von Lebenskunst*

Wie gestalte ich mein Leben? Das ist die ethische Dimension von Lebenskunst. Es fällt auf, dass es Jesus in der Bergpredigt fortwährend um das Verhalten von Menschen anderen gegenüber geht. »Salz der Erde« und »Licht der Welt« sollen die Christenmenschen sein; sie sollen die alten Gebote nicht nur wörtlich erfüllen, sondern darüber hinaus ihren gesellschaftlichen Sinn erschließen; sie sollen sich nicht um sich selbst, um ihre Nahrung und Kleidung sorgen, sondern zuerst nach dem Reich Gottes und nach seiner Gerechtigkeit trachten.

Für Karel van Wieringen ist es nun der spezifisch christliche Beitrag zur Lebenskunst, dass sie »kein individualistisches Projekt wird«.[17] Genauer ist

---

16 »Zelf word ik meer gevoed door samen te leren.« (a.a.O., S. 94)

17 »[...] maar geen individualistisch project wordt.« (a.a.O., S. 88)

dies vielleicht die liberal-christliche Zuspitzung von Lebenskunst. Ich lasse andere an der Gestaltung meines Lebens mitwirken und wirke selbst an der Gestaltung ihres Lebens mit. Karel van Wieringen wagt in diesem Sinne selbst eine Definition: Lebenskunst »ist die Kunst, andere in ihrer Würde zu lassen und womöglich etwas für sie zu bedeuten«.[18]

Die ethische Dimension ist der wesentliche Inhalt von »Lebenskunst«. Ich will sie nun anhand von vier Spannungsfeldern, in denen wir Christinnen und Christen uns heutzutage als Lebenskünstlerinnen und Lebenskünstler bewegen, näher ausführen.

3. Nicht allein! Spannungsfelder liberal-christlicher Lebenskunst

Jan Offringa spricht mit Karel van Wieringen nicht über konkrete Lebensregeln. Das mag den ein oder anderen vielleicht enttäuschen, weil es Lebenskunst doch praktischerweise vereinfachen würde, wenn ich mich dazu nur an bestimmte Kunstregeln zu halten bräuchte. Entsprechende Ratgeber sind deshalb auf dem Buchmarkt ziemlich erfolgreich; auch aus christlicher Perspektive wird da einiges angeboten.[19] Im liberalen Christentum werden nun aber keine Lebensregeln aufgestellt. Lebenskunst hat sich vielmehr in Spannungsfeldern zu bewähren, in denen dann durch Nachdenken, durch Versuch und Korrektur, »Fallen und wieder Aufstehen«[20], ein guter, situationsangemessener Lebensweg gefunden wird.

3.1 Wirkmacht und Ohnmacht

Wir leben in einer eigenartigen Zeit. Einerseits sind wir Menschen, zusammengenommen, mächtig wie nie. Nie zuvor in der Geschichte der

---

[18] »Het is de kunst om anderen in hun waarde te laten en waar mogelijk iets voor hen te betekenen.« (ebd.)

[19] Vgl. z.B. Anselm Grün, Das kleine Buch der Lebenslust, hg. v. Anton Lichtenauer, Freiburg i.Br. 2009; ders., Einfach leben. Das große Buch der Spiritualität und Lebenskunst, hg. v. Rudolf Walter, Freiburg i.Br. 2011; oder Margot Kässmann / Andreas Helm, Mit mutigem Schritt zurück zum Glück. Weil uns das Leben immer wieder überrascht, München 2021; oder auch einzelne Beiträge in P. Bubmann / B. Sill, Christliche Lebenskunst (s. Anm. 2).

[20] Jan Offringa: »Levenskunst is wat mij betreft een proces van vallen en weer opstaan« (ders. / E. van Baren [Hg.], God is niet te vangen [s. Anm. 1], S. 90).

Menschheit konnte man auf einem Stückchen Land so viel Nahrung erzeugen wie heute, konnte man so schnell von einem Ort zum andern gelangen, konnte man so viele Informationen auf einmal verarbeiten, konnte derart erfolgreich Krankheiten behandeln und Leben verlängern; nie zuvor hatte man so viele Dinge, die einem das Leben leichter und angenehmer machen. Es scheint, als seien wir großartige Lebenskünstler! Allerdings stand man auch nie zuvor in der Geschichte der Menschheit derart knapp vor dem Kollaps wie heute; alles kann bald zu Ende sein durch menschlichen Ressourcenverbrauch und menschliche Gewalt.[21] Nie gab es »bessere«, d.h. schlimmere, Waffen als heute! Wir Menschen sind »Schöpfer fast wie Gott«[22] geworden, ähnlich dem Schöpfergott, wie man ihn sich traditionell vorstellte.

Als Einzelner bin ich aber weit von dieser Schöpfermacht entfernt. Ich kann in meinem Arbeitsfeld das ein oder andere schaffen, kann in meiner Umgebung versuchen, mein Leben und das der anderen angenehmer zu machen, aber dieser gewaltigen menschlichen Zerstörungsmacht gegenüber bin ich doch ziemlich ohnmächtig. Und immer noch spüre ich hinter meiner eigenen Ohnmacht auch die Ohnmacht der Menschheit insgesamt, ihre Probleme zu lösen. Als Einzelne wie als Gesamtheit sind wir natürlichen Vorgängen und Schicksalsschlägen ausgesetzt, die wir nur zum Teil durchschauen. Eine Kunst ist es, in diesem Spannungsfeld menschlicher Wirk- und Ohnmacht zu leben!

Karel van Wieringen geht als liberaler Christ auf zweierlei Weise damit um. Erstens: Er ist aktiv, im ästhetischen wie im ethischen Sinne. Er bildet sich, forscht, um für ein lebbareres Leben zu arbeiten. »Dass das Leben unvollkommen ist und allerlei Gegenschlag und Unglück kennt, enthebt einen nicht der eigenen Verantwortung«,[23] meint Van Wieringen. Denn trotz all der Ohnmacht habe doch »jeder Mensch Möglichkeiten, die Lebbarkeit seines eigenen Daseins und desjenigen von anderen ein bisschen zu verbessern«.[24] Man dürfe sich nicht mit den eigenen Beschränkungen,

---

21 Vgl. dazu den Beitrag von HANS-GEORG WITTIG in diesem Band.

22 »Schepper naast God« (J. OFFRINGA, Creativiteit [s. Anm. 4], S. 207).

23 »Dat het leven onvolmaakt is en allerlei tegenslag en ramspoed kent, ontslaat je niet van je eigen verantwoordelijkheid.« (J. OFFRINGA / E. VAN BAREN [Hg.], God is niet te vangen [s. Anm. 1], S. 89)

24 »Ieder mens heeft mogelijkheden om de leefbaarheid van zijn eigen bestaan en dat van anderen een beetje te verbeteren.« (ebd.)

sozialen Umständen oder dem vermeintlich unvermeidbaren Schicksal entschuldigen, sondern: »Es ist wichtig, etwas zu tun für die Lebbarkeit der Gesellschaft; jede und jeder innerhalb ihrer oder seiner Möglichkeiten.«[25]

Zweitens begegnet er anderen mit dem Vertrauen, dass auch ihnen an einem lebbaren Leben gelegen ist. Misstrauen gegen oder gar Angst vor anderen ist nicht seine Sache. Vertrauensvoll, arglos, vorurteilsfrei arbeitet er mit anderen an einer lebbareren Gesellschaft. »Doch muss man gleichzeitig realistisch bleiben«[26], fügt er hinzu, sowohl was die eigenen Möglichkeiten als auch was die Absichten anderer angeht. Perfekt werden wir die Welt nicht machen. Und wo Menschen Schuld sind an Unterdrückung, Zerstörung, Gewalt, da muss das auch klar benannt und auf Veränderung hingewirkt werden. Aber übers Ganze fühlt sich Karel doch nicht so ohnmächtig: Es lohnt sich, für eine lebbare Welt zu arbeiten, weil wir die Möglichkeiten dazu haben, weil es etwas bringt.

3.2 Eigenverantwortung und staatliche Verantwortung

Doch was kann man selbst leisten, und was müssen andere, die über mehr Machtfülle verfügen, leisten? Da kommt das Spannungsfeld von Eigenverantwortung und staatlicher Verantwortung ins Spiel. »Die Zeit, da viele Menschen dachten, dass die Gesellschaft machbar ist und dass der Staat dabei leitend sein muss, liegt hinter uns«,[27] meint Karel van Wieringen. »Schon schön« nennt er es, »wenn der Staat Voraussetzungen für ein gutes Leben schafft oder in Gebiete investiert, auf denen Menschen sich entwickeln können. Und dass der Staat für ein gutes Auffangnetz für Menschen sorgt, die es brauchen«.[28] Aber es sei inzwischen sehr deutlich, »dass nicht alles Heil von dieser Seite kommt«.[29]

---

[25] »Het is belangrijk om iets te doen aan de leefbaarheid van de samenleving; ieder binnen haar of zijn mogelijkheden.« (a.a.O., S. 90)

[26] »Al moet je tegelijkertijd weer realistisch blijven.« (ebd.)

[27] »De tijd, dat veel mensen dachten dat de samenleving maakbaar is en dat de overheid daarbij leidend moet zijn, ligt achter ons.« (a.a.O., S. 87)

[28] »Het is al mooi wanneer de overheid voorwaarden schept voor een goed leven of investeert in gebieden waarop mensen zich kunnen ontwikkelen. En dat die overheid zorgt voor een goed vangnet voor mensen die dat nodig hebben.« (ebd.)

[29] »Inmiddels is wel duidelijk dat alle heil niet van die kant komt.« (ebd.)

Vielmehr müsse man selbst aktiv werden. Hier sieht Van Wieringen eine Rolle für die Kirchen und nennt Frühstücksveranstaltungen, diakonische Weihnachtspakete für Unterstützungsempfangende und Hilfen für Flüchtlinge als Beispiele. »Wenn niemand was tut, passiert nichts«,[30] meint er. Mangelnde staatliche Leistung könne jedenfalls nicht als Ausrede dienen, auch selbst nichts zu tun.

Ich denke, liberal-christliche Lebenskunst hat sich in diesem Spannungsfeld auf beiden Seiten einzubringen. Weder können wir als einzelne Christinnen und Christen alles richten, noch können wir alles vom Staat erwarten. Als in den Jahren ab 2015 wegen des Syrienkrieges und der Unruhen in Nordafrika deutlich mehr Flüchtlinge nach Europa kamen als vorher, hat das Zusammenspiel von staatlicher Verantwortung und Eigenverantwortung es ermöglicht, dass vielen der Menschen, die zu uns kamen, geholfen wurde. Bei mir in Troisdorf waren die Behörden erst skeptisch gegenüber der kirchlichen, ökumenischen Flüchtlingsinitiative. Bald haben sie aber erkannt, dass von dieser Seite vieles geleistet wurde, was staatlicherseits gar nicht geleistet werden konnte. Viele Menschen aus den Kirchengemeinden wurden aktiv, waren für die Menschen da, haben Kuchen für sie gebacken und Kaffee mit ihnen getrunken; Hilfsmittel wurden gesammelt, Sprachunterricht organisiert, Wohnungen besorgt; an der ein oder anderen Stelle entstanden sogar Freundschaften! Andererseits mussten wir Christenmenschen auch keine Asylverfahren durchführen, und schon gar nicht mussten wir »Gefährder«, die sich unter die Flüchtlinge gemischt hatten, herausfischen, sondern konnten das getrost, allerdings auch mit kritischem Blick, den Behörden überlassen. »Es ist gut, einen Flüchtling als dir gleich zu sehen, als Menschen so wie du«,[31] meint Pfarrer Offringa, und das konnten eben nur Menschen wie wir, Behörden können das nicht.

In demokratischen Rechtsstaaten wie in Deutschland oder den Niederlanden haben wir allerdings die Möglichkeit, auf staatliches Handeln Einfluss zu nehmen. Und ich will ergänzen: Es gibt neben dem Staat noch andere Machthabende, die mehr vermögen als Einzelne, z.B. Wirtschaftsunternehmen. Zur Lebenskunst gehört beides: Selbst für andere aktiv zu werden und sich zugleich politisch so zu positionieren, dass auch das staatliche und wirtschaftliche Handeln dem Wohlergehen anderer dient. Ich beobachte, dass manche Christenmenschen, die sich als liberal verstehen,

---

30 »Wanneer niemand iets doet gebeurt er niets.« (ebd.)

31 »Het is goed een vluchteling als je gelijke te zien, een mens zoals jij.« (a.a.O., S. 97)

eher selbst die Initiative ergreifen und andere eher politisch aktiv werden. Aber wo eines von beidem gänzlich fehlt, verliert diese Lebenskunst an Glaubwürdigkeit.

3.3 Freiheit und Gottvertrauen

Ein drittes Spannungsfeld, in dem Christinnen und Christen ihr Leben gestalten, ist das von Freiheit und Gottvertrauen. »Die Welt soll so sein, wie sie ist, weil Gott sie doch so gemacht hat«, mag eine unter Christenmenschen anzutreffende Haltung sein, ebenso wie das Vertrauen, dass Gott es, so schlimm es jetzt auch sein mag, schon gut machen werde.

Karel van Wieringen setzt demgegenüber die weltliche Freiheit sehr hoch an. Was ein Mensch kann oder nicht kann, seine Stärken ebenso wie seine Einschränkungen, sind für ihn nicht gottgemacht, sondern Folge genetischer Eigenschaften und sozialer Umstände. Auf die Welt als Ganze übertragen, ist ihr Zustand demnach nicht Gottes Wille, sondern Folge ihrer eigenen, freien, von uns Menschen mitgesteuerten Entwicklung. Der Mensch *muss* Lebenskünstler sein, muss Leben gestalten, denn Gott jedenfalls tut das nicht für ihn. Man merkt, dass Gott im liberalen Christentum nicht mehr als allmächtiger und allwirksamer Übervater der Welt erscheint. Karel van Wieringen nimmt im ganzen Interview überhaupt nur einmal das Wort »Gott« in den Mund. »Selbst glaub ich nicht, dass Gott für jeden Menschen bestimmt, wann das Leben auf Erden abgelaufen ist«,[32] sagt er. Auch hinsichtlich des Lebensendes betont Karel van Wieringen also die weltliche Freiheit.

Dennoch ist er ganz bewusst Christ; er war jahrzehntelang in verschiedenen Funktionen in der Leitung der Voorhof-Gemeinde aktiv. Das Christentum ist für ihn Quelle der Werte, die er teilt, es prägt seine Lebenskunst inhaltlich. Inwiefern aber spielt Gott in seiner Lebenskunst eine Rolle? Ich finde in dem Gespräch nur einen ganz basalen Hinweis darauf: »Glaube gebrauche ich [...] in der Bedeutung von ›Vertrauen haben in die Zukunft‹«,[33] sagt Karel van Wieringen. Das eben beschriebene Vertrauen in andere, das er hat, wurzelt im Vertrauen in die Zukunft. Er spricht von diesem Vertrauen im Zusammenhang mit dem Leben nach dem Tod, von

---

[32] »Zelf geloof ik niet dat God voor ieder mens bepaalt wanneer het leven op aarde afgelopen is.« (a.a.O., S. 98)

[33] »Geloven gebruik ik [...] in de betekenis van vertrouwen hebben in de toekomst.« (a.a.O., S. 99)

dem er nicht sicher ist, dass es es gibt, das gleichwohl aber sein Vertrauen ausmacht: Ich bin aufgehoben.

3.4 Vollkommenheit und Gnade

Seinem Pfarrer reicht das nicht. Wer wie Karel van Wieringen trotz aller Ohnmacht angesichts natürlicher und menschengemachter Gefahren und Ungerechtigkeiten auf die menschliche Wirkmacht setzt, wer wie er trotz eines basalen Grundvertrauens alles Geschehen in der Welt als innerweltlich verursacht und verantwortet betrachtet, der steht in der Gefahr, sowohl von anderen als auch von sich selbst mehr zu verlangen, als möglich ist. »Darum sollt ihr vollkommen sein, wie euer Vater im Himmel vollkommen ist« (Mt 5,48), sagt Jesus in der Bergpredigt. Lebenskunst geschieht im Spannungsfeld von Vollkommenheitsanspruch und Gnade.

Karel van Wieringen sieht sich nicht in dieser Gefahr, von sich oder anderen zu viel zu verlangen; er geht auf die entsprechenden Bemerkungen von Jan Offringa gar nicht ein. Erst am Ende des Gesprächs, als es um das Sterben geht, meint er, manche Menschen würden am Lebensende mit Fragen herumwursteln wie: »Habe ich genug getan, um glücklich zu werden? Was war jetzt eigentlich wirklich wichtig? Habe ich anderen echt etwas bedeutet? Usw.«[34] Er empfiehlt, sich diese Fragen schon während des Lebens immer wieder zu stellen und »zu versuchen, mehr in Harmonie mit anderen und mit sich selbst zu leben«.[35]

Jan Offringa bringt ergänzend zum Vollkommenheitsanspruch die Gnade ins Spiel.[36] Denn ebenso, wie Gott in der Bibel als »vollkommen« bezeichnet wird, so wird er auch als »gnädig« bezeichnet; wer selber gnädig ist, zeige damit, dass er nach Gottes Bild geschaffen ist. Man kann an anderen verzweifeln, was sie alles anrichten, wie dumm, ja boshaft sie sich oft verhalten! Als gnädiger Mensch wird man aber anderen Raum lassen und etwas gönnen, wird ihnen die Chance geben, Fehler zu machen, wird bereit sein, Fünfe gerade sein zu lassen und zu vergeben. Für Offringa ist das »eine spi-

---

[34] »[...] het komt kennelijk voor das mensen worstelen met allerlei lastige vragen, wanneer zij aan het eind van hun leven gekomen zijn [...] Vragen als: heb ik genoeg gedaan om gelukkig te worden, wat was nu eigenlijk echt belangrijk, heb ik wel wat voor anderen betekend, enzovoort« (ebd.).

[35] »[...] te proberen meer in harmonie met anderen en met jezelf te leven« (ebd.).

[36] Vgl. a.a.O., S. 90-93. 94-97.

rituelle Lebenshaltung, die durch unseren Glauben an Gott genährt wird«,[37] eben weil er ebenso mit uns umgeht. Dazu gehört für ihn als wichtigste Lebenskunst-Übung die Selbstrelativierung. Nicht die Demut, nicht die Selbstverleugnung, die hält er gar für unbiblisch, weil es in der Bibel nicht darum gehe, sich unter andere zu stellen. Sondern Selbstrelativierung heißt, den anderen als sich selbst gleich zu sehen. Ich bin nicht wichtiger und nicht weniger wichtig als andere. Das lässt mich gnädig sein mit mir selbst und mit anderen, ohne mich selbst oder andere aus der Verantwortung zu nehmen. Statt vollkommen zu sein, was man nicht könne, solle man vielmehr glaubwürdig leben, das sei christliche Lebenskunst.

Für Pfarrer Offringa spielt Gott in der Lebenskunst also doch eine größere Rolle als für Karel van Wieringen. Wir sind nicht nur aufgehoben, sondern wir sind auch geliebt. In diesem Sinne könne die christliche Tradition »Menschen helfen, sich mit ihren Einschränkungen zu versöhnen und mit sicherer Ehrfurcht und Gelassenheit hinzunehmen, dass die Dinge so sind, wie sie sind. Andererseits lädt sie Menschen ein, ihre Freiheit, wie eingeschränkt sie auch sein mag, zu pflegen und zu gebrauchen, um dem Leben auf eine schöne, sinnvolle und verantwortliche Weise Form zu geben.«[38]

4. Zum Glück nicht allein!

Ich habe Ihnen Karel van Wieringen vorgestellt, einen Menschen, dem das Nachdenken über christliche Lebenskunst wichtig geworden ist. Ich habe ihn gewählt, weil er kein besonders herausragender Christ ist und allenfalls von Menschen in seinem Umfeld, so vermute ich, als Vorbild genommen wird. Ein ganz normaler, alltäglicher Christenmensch also, und doch einzigartig in seinem Leben und in seiner Haltung wie wir alle. Vielleicht kann er Sie, wo Sie ihn jetzt ein wenig kennen, hinsichtlich Ihrer Lebenskunst weiterbringen.

---

[37] »Dat is voor mij voluit een spirituele levenshouding, die gevoed wordt door ons geloof in God.« (a.a.O., S. 96)

[38] »Enerzijds kann zij [i.e. de christelijke traditie] mensen helpen zich te verzoenen met hun beperkingen, en met een zekere eerbied en gelatenheid te aanvaarden dat de dingen zo zijn zoals ze zijn. Anderzijds daagt zij mensen uit hun vrijheid, hoe beperkt ook, te koesteren en te gebruiken om het leven op een mooie, zinvolle en verantwoorde wijze vorm te geven.« (J. OFFRINGA, Creativiteit [s. Anm. 4], S. 214)

Ich habe Ihnen Karel van Wieringen als liberalen Christen vorgestellt, denn nach allem, was er im Gespräch mit Pfarrer Offringa äußert, muss man ihn wohl als solchen bezeichnen. Was er über Lebenskunst sagt, ist nun aber nicht *die* Position des freien Christentums zur Lebenskunst, denn diese gibt es nicht. Im freien Christentum versuchen wir, ein breites Spektrum von Auffassungen zu integrieren.[39] Insbesondere werden einige Christinnen und Christen, die sich als liberal verstehen, wohl den kontemplativen Anteil an christlicher Lebenskunst höher gewichten als Karel van Wieringen, dem dieser überhaupt nicht wichtig zu sein scheint – die Besinnung, das Gebet. Und sie werden stärker die Erfahrung des Göttlichen in ihre Weltsicht zu integrieren suchen. Es erstaunt ja schon, wie wenig Karel van Wieringen über Gott sagt. In anderen Gesprächen in »Gott ist nicht zu fangen« ist das anders. Teilweise legt sich das nahe, wenn das Thema etwa »Gott« oder »Geist« oder »Kreuz« heißt, bei anderen Themen wie »Verstand«, »freier Wille« oder »Veränderung«, über die im Buch gesprochen wird, aber auch nicht.

Jedenfalls hätten andere freie Christinnen oder Christen im Gespräch über Lebenskunst vielleicht mehr von Gott eingebracht, weil sie Gott stärker in der Welt wirksam glauben als Karel van Wieringen. Manchen Gottesvorstellungen zufolge tritt Gott ja selbst als »Lebenskünstler« in Erscheinung – nicht als »bildender Künstler«, der alles macht und formt, sondern als »Poetin der Welt«, als »Autor meiner Lebensgeschichte«.[40] Wenn eine Autorin einen Roman schreibt, dann entwickeln ihre Figuren ein Eigenleben, so dass sie frei werden und in gewisser Weise selbst bestimmen, wie sie weitergeschrieben werden. Schreiben tut jedoch, für die Figuren unmerklich, immer noch die Autorin. Ich persönlich kann mit dieser Gottesvorstellung viel anfangen, auch wenn sie nicht alle theologischen Probleme löst.

Allerdings hat Karel van Wieringen ja nun auch seine spirituelle Form, die ihm wichtig geworden ist, und die ist nun wieder typisch für das liberale Christentum: das gemeinsame Lernen. Ich finde dieses Projekt der Voorhof-Gemeinde so klasse, mit einzelnen Gemeindemitgliedern ausführlich über bestimmte Themen zu sprechen und das Ganze dann als Beispiel für sich

---

39 So hatte die Voorhof-Gemeinde in Kesteren 2014, als Offringa seine Gespräche führte, neben ihm noch eine Pfarrerin, Marjon Bosch, die aus der charismatischen Richtung kam.

40 Vgl. z.B. OSWALD BAYER, Gott als Autor. Zu einer poietologischen Theologie, Tübingen 1999; ROLAND FABER, Gott als Poet der Welt. Anliegen und Perspektiven der Prozesstheologie, Darmstadt [2]2004.

ändernden Glauben zu veröffentlichen. »Gott ist nicht zu fangen!« Ich denke, das kann man durchaus als Position des liberalen Christentums bezeichnen.

Was heißt das nun für uns und unsere Lebenskunst? Wir *müssen* Lebenskünstlerinnen und Lebenskünstler sein, denn als solche sind wir in die Welt gestellt – trotz all unserer Einschränkungen begabt mit Talenten und Möglichkeiten zu handeln. Wir bekommen dafür keine zeitlosen Kunstregeln an die Hand, sondern müssen in jeder Situation neu bestimmen, was konkret zu tun ist. Die Bibel gibt uns immerhin die Richtung vor: das Wohlergehen und Glück von uns selbst und von anderen soll Ziel unseres Handelns sein. Dabei müssen wir zunächst wahrnehmen, wie die Situation ist, um dann aktiv zu werden in den Spannungsfeldern von Wirkmacht und Ohnmacht, von Eigenverantwortung und staatlicher Verantwortung, von Freiheit und Gottvertrauen und von Vollkommenheit und Gnade.

Zum Glück geht es nicht allein: In meinem Wohlergehen spielen andere immer mit. Lebenskunst ist es daher, sowohl auf das eigene Glück als auch auf das anderer, der Gesellschaft, ja der Weltgemeinschaft hinzuarbeiten.

Aber zum Glück ist auf diesem Weg keiner allein! Im Gespräch miteinander, in Gesprächskreisen, wie sie in Kesteren gepflegt werden, auf Akademietagungen, wie wir sie gerade erleben, ringen wir miteinander um das rechte Tun, das jetzt geboten ist, um unsere Lebenskunst.

Und zum Glück sind wir auch zusammen nicht allein! So frei und verantwortlich wir auch sein mögen, Gottes Geist begleitet uns in unserer Lebenskunst – durch biblische Erzählungen wie die von der Bergpredigt, und wer weiß auf welch andere Weise noch.

Wir merken: Wir können, ja müssen für andere tätig werden, denn uns sind Möglichkeiten dazu gegeben. Wir können, ja müssen andere lieben, denn wir sind geliebt.

Wolfgang Pfüller

Gebet oder Meditation?

Thesen und Erwägungen im interreligiösen Zusammenhang

Gebet und/oder Meditation sind in allen religiösen Traditionen weltweit verbreitet; sie gehören sozusagen zum religiösen Alltag.[1] Zwar ist die bereits bei Friedrich Heiler zu lesende These, die das Gebet als das zentrale Phänomen *der* Religion bezeichnet,[2] offenkundig falsch, da zumindest der Buddhismus in seiner frühen, klassischen Ausprägung ganz offensichtlich kein Gebet kennt. Aber auch diese Religionsform kennt an ganz hervorragender Stelle die Meditation. Und zumindest im Blick auf die monotheistischen Religionen wird man sagen können, dass in ihnen das

---

1 Vgl. Gotthold Müller, Art. Gebet VIII. Dogmatisch. Probleme gegenwärtiger Gebetstheologie, in: TRE 12, Berlin / New York 1984, S. (84-94) 84: »Beten ist ein menschliches Phänomen. Zu allen Zeiten haben Menschen gebetet, und solange es Menschen gibt, werden sie beten.« Letztere Behauptung ist freilich sowohl im Blick auf die Vergangenheit wie vor allem im Blick auf die Zukunft allzu gewagt.

2 Vgl. Friedrich Heiler, Das Gebet. Eine religionsgeschichtliche und religionspsychologische Untersuchung, München / Basel 1969 (Nachdr. von [5]1923 mit Literaturergänzungen; [1]1918), S. 1. Und nach der Nennung zahlreicher christlicher (!) Referenzautoren: »So besteht nicht der leiseste Zweifel darüber, daß das Gebet das Herz und der Mittelpunkt aller Religion ist.« (S. 2) – Dass Michael Meyer-Blanck, Das Gebet, Tübingen 2019, S. 4, gut 100 Jahre später diese These nach wie vor vertritt, berührt eigenartig: »Beten ist nicht nur die zentrale Äußerung des individuellen und kirchlichen Christseins, sondern auch die performative Hauptgestalt *alles* Religiösen« (meine Hervorhebung).

Gebet »als wesentlicher Ausdruck der Gottesbeziehung und Gottesverehrung« eine zentrale Rolle spielt.[3]

Damit sind die Probleme avisiert, die im Folgenden anhand von sieben Thesen bedacht werden sollen. Dabei geht es in der ersten These darum, was unter Gebet und Meditation zweckmäßig zu verstehen ist. Sodann wird der grundlegende und damit entscheidende Zusammenhang zwischen Gebets- und Gottesverständnis erörtert. In der dritten These wird die Legitimität des interreligiösen Gebets thematisiert. Daraufhin wird das interreligiöse Gebet im Besonderen wie das Gebet im Allgemeinen vom Gottesverständnis her problematisiert. In der fünften These wird demgegenüber die interreligiöse Meditation favorisiert, was in der folgenden These im Blick auf das Verhältnis von Gebet und Meditation überhaupt stabilisiert wird. Schließlich wird das Gebet, zumal das Bittgebet, als infantile Form religiöser Äußerung und Praxis für obsolet erklärt.

Selbstverständlich bin ich mir darüber im Klaren, dass die folgenden Thesen und Erwägungen provokativ sind. Aber wissenschaftliche Diskussion bedarf m.E. nicht zuletzt der Provokation, will sie vorankommen und nicht nur althergebrachte Traditionen beständig »wiederkäuen«. Zumindest für eine den Wissenschaften verpflichtete liberale (interreligiöse) Theologie sollte das keine Frage sein.[4]

---

[3] Vgl. CHRISTOPH BÖTTIGHEIMER, Sinn(losigkeit) des Bittgebets. Auf der Suche nach einer rationalen Verantwortung, Freiburg i.Br. / Basel / Wien 2018, S. 22: »Die unterschiedlichen Formen des Gebets sind nicht nur unverzichtbares Element christlicher Existenz. Sie finden sich vielmehr als wesentlicher Ausdruck der Gottesbeziehung und Gottesverehrung in allen monotheistischen Religionen wieder, zumal ihnen allen ein personales Gottesverständnis zu eigen ist.« – Auf die entscheidende Frage nach dem Zusammenhang zwischen Gebets- und Gottesverständnis werde ich bald, nämlich in These 2, zu sprechen kommen.

[4] Vgl. zum Charakter, zu den Gestalten und Problemen moderner liberaler Theologie neuerdings WOLFGANG PFÜLLER, Liberale Theologie gestern, heute und morgen, in: Michael Großmann (Hg.), Gebildete Menschlichkeit. Festschrift für Hans-Georg Wittig zum 80. Geburtstag, Nordhausen 2022, S. 149-178.

1. Gebet ist zu verstehen als Rede zu einem personal gedachten bzw. vorgestellten Gott bzw. zu einem höchsten, vollkommenen Wesen; Meditation als (religiöse) Besinnung.

Im gegebenen Rahmen kann es nicht um eine umfassende Erörterung der Ausdrücke Gebet und Meditation sowie in deren Folge um eine präzise Definition dieser Ausdrücke gehen. Immerhin sollen diese Ausdrücke für die Zwecke der folgenden Erwägungen hinreichend präzisiert werden, damit nicht nur klar wird, wovon die Rede ist, sondern damit vor allem die verschiedentlich eher allzu wenig unterschiedenen Ausdrücke Gebet und Meditation[5] deutlich voneinander unterschieden werden können. Denn nur so kann der Gedankengang der folgenden Erwägungen im besten Fall möglichst stichhaltig begründet oder mindestens plausibel gemacht werden.

In seiner klassischen Form richtet sich das Gebet an einen personal gedachten Gott bzw. an eine ebenso gedachte Göttin, was nicht zuletzt der nicht nur im Deutschen enge Zusammenhang der Worte beten und bitten belegt. Darüber hinaus muss man freilich im Blick auf die vielfältigen Formen von Gebeten in den religiösen Traditionen den Kreis der AdressatInnen erheblich erweitern: Gebete können auch an Heilige, an Weise, an Arhats, an Buddhas bzw. Bodhisattvas oder auch an personifizierte Naturkräfte gerichtet werden.[6] In jedem Fall befinden sich die Betenden bzw. Bittenden in

---

[5] So lässt MICHAEL VON BRÜCK, Einheit der Wirklichkeit. Gott, Gotteserfahrung und Meditation im hinduistisch-christlichen Dialog, München [2]1987, S. 274-277, Gebet und Meditation ineinander übergehen, indem er vier Stufen des Gebets unterscheidet und die vierte Stufe, das kontemplative Gebet, im Grunde mit der Meditation identifiziert. Beide sind sonach »in der Tiefe identisch« (S. 282). – Auch für M. MEYER-BLANCK, Das Gebet (s. Anm. 2), sind Gebet und Meditation im Grunde identisch, wobei nicht wie bei von Brück das Gebet in der Meditation aufgeht, sondern umgekehrt die Meditation im Gebet: »Die Meditation kann eine Form des christlichen Gebets sein oder sie kann zu diesem hinführen. Versteht man unter dem Gebet als Handlung die intentionale und bewusste Kontaktaufnahme mit Gott bzw. dem Transzendenten, dann wird man zweifellos feststellen können: Meditation *ist* eine Form von Gebet.« (S. 80)

[6] Vgl. hierzu etwa BETTINA BÄUMER / HANS GERALD HÖDL, Art. Gebet/Meditation/Mystik – Ekstase, in: Johann Figl (Hg.), Handbuch der Religionswissenschaft, Innsbruck / Wien / Göttingen 2003, S. (702-717) 702 f.; RUDOLF KAISER, Wie eine Feder am Himmel. Nordamerikas Indianer beten mit der Natur, in: Klaus Hofmeister / Lothar Bauerochse (Hg.), Viele Stimmen – eine Sprache. Beten in den Weltreligionen, Würzburg 2001, S. 79-91; MARTIN KÄMPCHEN, Den Alltag bis zu den Sternen

einer abhängigen, unterlegenen Position, aus der heraus sie sich an ihnen überlegene Mächte wenden und sie zuvörderst um Hilfe ersuchen, ihnen aber auch danken, sie loben u.a. »Das Gebet wird meist in irgendeiner Form als verbales gedacht, auch wenn es unausgesprochen oder still ist. Es kann daher alle Formen menschlicher Kommunikation annehmen, von der Anrufung bis zum Schrei der Verzweiflung, von der Danksagung bis zur Liebeserklärung.«[7]

Hinzu kommt, dass besonders in monotheistischen Religionen, die einen sich vor allem in Worten offenbarenden Gott annehmen, das Gebet als Antwort auf das vorangehende Wort Gottes verstanden wird.[8] Danach ist

---

ausweiten. Die Kosmosfrömmigkeit der Hindus, in: a.a.O., S. 65-77. – Vgl. zum Gebetsverständnis zudem: VINCENT BRÜMMER, Art. Gebet V. Religionsphilosophisch, in: RGG[4] 3, Tübingen 2008 (Studienausg.), S. 496 f.; RAINER FLASCHE, Art. Gebet, in: Hubert Cancik (Hg.), Handbuch religionswissenschaftlicher Grundbegriffe, Bd. II, Stuttgart 1990, S. 456-468; BERNHARD LANG, Art. Gebet, in: Peter Eicher (Hg.), Neues Handbuch theologischer Grundbegriffe, Bd. 2, München 2005 (Neuausg.), S. 469-486; OTTO HERMANN PESCH, Sprechender Glaube. Heute beten, Kevelaer 2013, S. 12; CARL HEINZ RATSCHOW, Art. Gebet I. Religionsgeschichtlich, in: TRE 12, Berlin / New York 1984, S. 31-34; JÜRG WÜST-LÜCKL, Theologie des Gebets. Forschungsbericht und systematisch-theologischer Ausblick, Fribourg 2007, S. 15 f.

7 B. BÄUMER / H. G. HÖDL, Art. Gebet/Meditation/Mystik – Ekstase (s. Anm. 6), S. 703.

8 Vgl. zu diesem Gebetsverständnis etwa HANS-MARTIN BARTH, Wohin – Woher mein Ruf? Zur Theologie des Bittgebets, München 1981, bes. S. 153; CHRISTOPH KLEIN, Das grenzüberschreitende Gebet. Zugänge zum Beten in unserer Zeit, Göttingen 2003, bes. S. 43 u. 76; JOHANNA LUNK, Das persönliche Gebet. Ergebnisse einer empirischen Studie im Vergleich mit praktisch-theologischen Gebetsauffassungen, Leipzig 2014, S. 231: »Die meisten der hier dargestellten Gebetsauffassungen sehen das Eigentliche des christlichen Gebets im vorangehenden Angerufensein des Menschen durch Gott.« Vgl. auch O. H. PESCH, Sprechender Glaube (s. Anm. 6), S. 15, sowie so prägnant wie konservativ ANDREAS KUSCH, Das evangelische Gebet. Sehnsucht, Vielfalt und Zugänge, in: Peter Zimmerling (Hg.), Handbuch Evangelische Spiritualität, Bd. 3: Praxis, Göttingen 2020, S. (436-453) 437 u. 440: »Gebet ist Reden und Hören, es hat [...] einen dialogischen Charakter. Gott redet und hört – wie auch der Mensch hört und redet.« »Die Bibel ist die Grundlage evangelischen Betens. In ihr spricht Gott den Menschen an. Wenn Christen Gott antworten und anfangen zu beten [...], hat dieses Gebet immer den Charakter einer Antwort. Ohne die zuvor erfolgte Offenbarung Gottes in der Geschichte hätte der Beter keinen Adressaten, an den er sich wenden kann.« – Bei dieser Gelegenheit sei am Rande vermerkt: In der vielfältigen, vor allem christlich-theologischen Literatur zum Gebet ist fast immer

Gott derjenige, der zuerst zu den Menschen redet, die ihm ihrerseits im Gebet antworten. Folglich kann hier das Gebet als ein Gespräch zwischen Gott und Mensch begriffen werden. Es versteht sich, dass dieses Gespräch nicht als eines zwischen gleichrangigen Personen aufgefasst wird, da die göttliche Person in jedem Fall als übergeordnet bzw. mehr oder weniger weit überlegen vorgestellt wird. Freilich gibt es auch im menschlichen Bereich Gespräche zwischen Personen, die keineswegs gleichrangig sind.

Demgegenüber bezieht sich die Meditation nicht zwangsläufig auf eine göttliche Wirklichkeit und schon gar nicht auf einen personal sowie zu allem Überfluss männlich gedachten bzw. vorgestellten Gott. Als menschliche Selbstbesinnung und konzentrierte Vertiefung in das eigene oder auch in anderes Leben kann sie vielmehr auch areligiös strukturiert sein. Da es hier allerdings um das Verhältnis von Gebet und Meditation im interreligiösen Zusammenhang geht, sei dafür Meditation eingegrenzt als *religiöse* Besinnung verstanden.[9] In diesem Sinne könnte man die Definition von Martin Nicol aufgreifen, nach der Meditation »ein methodisches, den Menschen ganzheitlich einbeziehendes, selbst noch nicht notwendig in der Anredeform des Gebets gestaltetes Nachsinnen des Einzelnen mit dem Ziel erfahrungsmäßiger Gottesbegegnung« meint.[10] Freilich müssen in Bezug darauf zwei Erweiterungen geltend gemacht werden. Zum einen muss Meditation wie ja auch das Gebet nicht auf einzelne Personen eingeschränkt werden, sondern kann sich auch in Gruppen vollziehen. Zum anderen - und das ist hier erheblich wichtiger - muss Meditation nicht auf erfahrungsmäßige Gottesbegegnung aus sein, zumal dann nicht, wenn damit eine personale Got-

---

von *dem Beter* (maskulinum) die Rede, sogar wenn sich diese Form leicht vermeiden ließe. Ob das vor allem an einer maskulinen Gottesvorstellung liegt?

9 Über die Unterscheidung zwischen religiös und areligiös vgl. neuerdings WOLFGANG PFÜLLER, Religionslos, nicht areligiös. Von der Religion zum Religiösen, erscheint in: FZPhTh 70 (2023). Vgl. zum Verständnis von Meditation: B. BÄUMER / H. G. HÖDL, Art. Gebet/Meditation/Mystik – Ekstase (s. Anm. 6); SABINE BOBERT, Den Himmel überall finden. Die Rolle von Schweigen und Meditation, in: P. Zimmerling (Hg.), Handbuch Evangelische Spiritualität, Bd. 3 (s. Anm. 8), S. 494-514; KATHARINA CEMING, Art. Meditation, in: Peter Eicher (Hg.), Neues Handbuch theologischer Grundbegriffe, Bd. 3, München 2005 (Neuausg.), S. 45-52; UDO TWORUSCHKA, Art. Meditation I. Religionswissenschaft, in: TRE 22, Berlin / New York 1992, S. 328-337; MARTIN NICOL, Art. Meditation II. Historisch/Praktisch-theologisch, in: a.a.O., S. 337-353.

10 NICOL, a.a.O. (s. Anm. 9), S. 338.

tesvorstellung verbunden ist. Sicher aber bezieht sich religiöse Meditation direkt oder zumindest indirekt auf eine göttliche Wirklichkeit, auch wenn man zu dieser Wirklichkeit nicht beten zu können meint.[11]

2. Das Gebetsverständnis ist abhängig vom Gottesverständnis bzw. vom Verständnis der göttlichen Wirklichkeit.

Sehr häufig wird besonders von christlicher Seite auf die Wechselwirkung von Gebets- und Gottesverständnis hingewiesen,[12] gern auch unter Hinweis auf den altkirchlichen Grundsatz »lex orandi - lex credendi«.[13] Danach ist das Gebet Richtschnur für den Glauben, wie umgekehrt dieser und besonders sein Gottesbild das Gebet ausrichtet.

---

[11] In dieser Weise kann man etwa auch das in der buddhistischen Meditation angezielte Nirwana als göttliche Wirklichkeit im Sinne einer höchsten, letzten, vor allem aber einer Heilswirklichkeit verstehen. Vgl. dazu nur einige einschlägige neuere Arbeiten von PERRY SCHMIDT-LEUKEL, etwa: Buddhismus verstehen. Geschichte und Ideenwelt einer ungewöhnlichen Religion, Gütersloh [2]2020, bes. S. 90-111; DERS., Das himmlische Geflecht: Buddhismus und Christentum – ein anderer Vergleich, Gütersloh 2022, bes. S. 138-188. – Wenn ich im Übrigen immer wieder zwischen der Rede vom *Gottes*verständnis bzw. vom Verständnis der *göttlichen Wirklichkeit* wechsle, so liegt das am jeweiligen Kontext. Wie sich zeigen wird, bevorzuge ich die Rede von der göttlichen Wirklichkeit.

[12] Exemplarisch etwa von ROLF SCHÄFER, Gott und Gebet. Die gemeinsame Krise zweier Lehrstücke, in: ZThK 65 (1968), S. 117-128, bes. S. 119-122. Neuerdings hat auch CLEMENS SEDMAK in seinem eher besinnlichen Buch »Gottsuche und Selbsterkenntnis im Gebet. Bitten, Flehen und Dank in biblischen Texten«, Freiburg i.Br. / Basel / Wien 2022, S. 170, die zumindest im Blick auf den ersten Satz allzu steile oder je nachdem allzu vage These aufgestellt: »Jedes Gebet ist ›gelebte Theologie‹. Jedes Gebet als ›Rede zu Gott‹ gibt in ausdrücklicher oder impliziter Weise ›Rede von Gott‹ wieder.«

[13] Vgl. dazu M. MEYER-BLANCK, Das Gebet (s. Anm. 2), S. 413 f.: »Nach Prosper von Aquitanien (ca. 400–455) statuiert das Gesetz des Betens das Gesetz des Glaubens [...]. Dieser seinerzeit im Zusammenhang der antipelagianischen Auseinandersetzungen entstandene Grundsatz ist gegenwärtig vor allem in dem Sinne aufzugreifen, dass die christliche Gotteslehre nicht nur von biblischen und fundamentaltheologischen Überlegungen bestimmt wird, sondern auch wesentlich von der realen Praxis des Betens. Gewiss speist sich das Gebet der Christen aus der kirchlichen Lehre [...]; vor allem aber bleibt die Gotteslehre auf das Gebet angewiesen.«

Nun dürfte der enge Zusammenhang zwischen Gebets- und Gottesverständnis unstrittig sein. Denn offenkundig richtet sich das Gebet an einen Gott oder eine Göttin, wobei beide, Gebet und Gott/Göttin, in ihrem jeweiligen Verständnis bestenfalls einander entsprechen. Allerdings ist es m.E. entscheidend, hier genauer zuzusehen. Dass sich Gebets- und Gottesverständnis wechselseitig beeinflussen, ist evident; dass sie sich wechselseitig *bestimmen*, weit weniger. Letzteres gilt vielmehr nur im Blick auf den Entdeckungszusammenhang, nicht aber gleichermaßen im Blick auf den Begründungszusammenhang theologischer Aussagen. Das heißt: Will man neue Aussagen über Gott *entdecken*, sind nicht nur biblische und anderweitige traditionelle wie aktuelle Aussagen über Gott relevant, sondern nicht zuletzt auch die Praxis und die Reflexion des Gebets. Will man hingegen Aussagen über Gott wie über das Gebet *begründen*, dann bedarf es im Blick auf das Gottesverständnis einschlägiger Kriterien, während im Blick auf das Gebetsverständnis (wie auch die Gebetspraxis) das Gottesverständnis selbst das entscheidende Kriterium darstellt. Denn Gott bzw. die göttliche Wirklichkeit ist der leitende Bezugspunkt aller theologischen Aussagen, mithin sind alle anderen theologischen Aussagen (und selbstverständlich auch die über das Gebet) vom Gottesverständnis her zu begründen.[14] Von daher ist es m.E. abwegig, die Gotteslehre von der Gebetslehre oder gar von der Gebetspraxis her entwickeln zu wollen.[15]

---

[14] Ich weiß schon, dass es auch andere theologische Konzepte gibt, wonach nicht Gott bzw. die göttliche Wirklichkeit, sondern etwa die christliche (Sprach-)Praxis oder auch das christliche Selbstverständnis leitender Bezugspunkt theologischer Aussagen sind. Ich kann hier nicht weiter diskutieren, warum ich solche Konzepte für unangemessen halte. Einige Hinweise kann man meiner in Anm. 4 genannten Arbeit entnehmen. – Auch wenn H.-M. Barth, Wohin – Woher mein Ruf? (s. Anm. 8), S. 74, den Eindruck einer Gleichrangigkeit von Gebetsverständnis und Gottesbegriff vermitteln möchte, sind seine Bemerkungen eher ein Indiz für die oben sogenannte Begründung. Er meint: »Der Zusammenhang zwischen Gebetsverständnis und Gottesbegriff ist in jedem Falle deutlich: Entweder man greift den Gottesbegriff an und meint dann, damit auch das Gebet bereits getroffen und ad absurdum geführt zu haben, oder man kritisiert das Gebet als unhaltbar und versucht von hier aus auch den Gottesbegriff aus den Angeln zu heben.« Gerade an letzterem Gedanken wird deutlich, dass auch die Kritik am Gebet auf das Gottesverständnis zielt, dass jene Kritik nur Mittel zum Zweck, nämlich der Kritik am Gottesverständnis ist.

[15] Gerhard Ebelings Dogmatik ist hier wohl das prominenteste Beispiel aufseiten der neueren christlichen Theologie. Auch bei Walter Bernet, Gebet (mit einem Streitgespräch zwischen Ernst Lange und dem Autor) (ThTh 6), Stuttgart / Berlin

Bereits in These 1 sagte ich, dass Gebete sich auf einen personal gedachten Gott oder eine ebensolche Göttin bzw. auf ein (ebenfalls personal gedachtes) höchstes Wesen beziehen. Damit ist in jedem Fall ein »Du« gemeint, das menschliche Personen ansprechen können, nachdem sie möglicherweise zuvor von diesem »Du« ihrerseits angesprochen worden sind. Dieses personale Gottesverständnis – wie ich es abgekürzt bezeichnen möchte – hat eine überaus lange und reiche Tradition besonders in den monotheistischen religiösen Traditionen. Freilich ist ein solches Gottesverständnis keineswegs unumstritten – selbst in den monotheistischen Traditionen nicht. Denn zumindest besteht die Gefahr, dass hier die göttliche Wirklichkeit allzu anthropomorph, d.h. einer menschlichen Person zu ähnlich, gedacht wird. Und diese Gefahr besteht auch dann, wenn man die bekannte Formulierung in Rechnung stellt, wonach alle analoge Rede von Gott bei aller Ähnlichkeit durch eine immer größere Unähnlichkeit gekennzeichnet ist. Denn natürlich wird niemand bestreiten, dass eine göttliche Person weitaus bedeutender, mächtiger, kurz: vollkommener als jede menschliche Person ist, dass sie diese sozusagen unendlich überragt. Demgegenüber scheint ein Gott, der redet, der hört, der erhört, der antwortet, der mitleidet, sich selbst revidiert usw., allzu menschlich gedacht zu sein. Was Wunder also, dass apersonale Gottesvorstellungen weit verbreitet sind.

Ich möchte nun nicht pantheistische Gottesvorstellungen – klassisch etwa bei Spinoza oder auch beim frühen Schleiermacher – diskutieren, Vorstellungen, die ebenso sehr in hinduistischen wie in mystischen Traditionen überhaupt ausgeprägt sind. Ich möchte jetzt vielmehr nur kurz auf einige einschlägige Vorstellungen im frühen Buddhismus eingehen, weil sie einschneidende Folgen für das Gebetsverständnis haben. Das dort erstrebte Nirwana ist zwar durchaus als eine Heilswirklichkeit zu verstehen, aber eben nicht als eine agierende personale Macht, gar als eine Schöpfermacht. Dementsprechend gehört zum klassischen »achtfachen Pfad« als Heilsweg nicht das Gebet; wohl aber die Meditation. Ja, man könnte diesen Weg sogar insgesamt als einen differenzierten Weg der Meditation betrachten. Es ergibt dementsprechend »für Buddhisten keinen Sinn, mit einem (personal verstandenen) Gott – ihrem Schöpfer oder Vater oder Herrn – in Kontakt zu treten, ihn um Rat, Kraft oder Zuspruch zu bitten. Sie erwarten nicht, dass

---

1970, bes. S. 99 f. 107. 112-115, gibt es zumindest die Tendenz, das Gottes- aus dem Gebetsverständnis abzuleiten.

Gott ihnen hilft, ihre Lebenssituation zu verändern und zu meistern. Sie bitten ihn nicht um Beistand, Einsicht oder Mut. Buddhisten beten nicht.«[16]

Wird demgegenüber ein personales Verständnis der göttlichen Wirklichkeit bevorzugt, ist das Gebet im Sinne von These 1 ohne Weiteres plausibel - wobei man von der besonderen Problematik des Bittgebetes vorerst absehen kann, auf die ich in These 7 näher eingehe. Die Frage ist hier freilich, ob und inwiefern ein personales Gottesverständnis selbst plausibel ist. Dafür gibt es durchaus diskutable Argumente, von denen ich jetzt zwei kurz diskutieren möchte.[17] 1) Das eine lautet, dass eine wahrhaft menschliche Beziehung in Liebe und Freiheit nur zu einem personal gedachten Gott möglich ist. 2) Das andere geht dahin, dass die höchste Wirklichkeit, die wir Gott nennen, vor allem deshalb irgendwie personal gedacht werden muss, weil die höchste uns bekannte Wirklichkeit in unserer Welt die menschliche Person ist.

1) An dieser Stelle ist besonders die Sicht des »Offenen Theismus« zu berücksichtigen, der sich in verschiedenen Hinsichten vom klassischen

---

[16] ALFRED WEIL, Buddhisten beten nicht! – Oder doch?, in: Franz Brendle (Hg.), Gemeinsam beten? Interreligiöse Feiern mit anderen Religionen, Hamburg-Schenefeld 2007, S. (53-62) 53. Vgl. auch LUISE THUSS, Mögen alle Wesen glücklich sein. Buddhisten beten anders, in: K. Hofmeister / L. Bauerochse (Hg.), Viele Stimmen – eine Sprache (s. Anm. 6), S. 55-64.

[17] Schwach und deshalb nur am Rande zu erwähnen sind dagegen die Argumente, die sich bei H.-M. BARTH, Wohin – Woher mein Ruf? (s. Anm. 8), sowie bei O. H. PESCH, Sprechender Glaube (s. Anm. 6), finden. BARTH, S. 97 f., meint, es sei nicht nur nicht abwegig, dass Menschen nach gültigem, umfassendem Trost suchen; es sei auch plausibel, dass dieser Trost personalisiert werde. »Wir erfahren, was Liebe, Zuwendung und Geborgenheit ist, am ›Du‹ deutlicher als am ›Es‹.« Das ist sicher so. Allerdings erscheint Trösten eher als zwischenmenschliches Phänomen, während die göttliche Wirklichkeit als »Tröster« wohl allzu anthropomorph gedacht wird. – PESCH, S. 13, wiederum meint, »Erlösung und Sinngebung für das menschliche Leben« sei nur Gott als Person zuzutrauen, jedoch keiner unpersönlichen, »blinden Macht«. Das ist eine offensichtlich verengte Sicht, denn natürlich muss eine apersonale Gottesvorstellung keineswegs Gott als »blinde Macht« denken. Pesch übrigens denkt Gott wohl eher transpersonal (vgl. S. 14), worauf ich bald zu sprechen kommen werde. – Schließlich wird von christlicher Seite gern der Inkarnationsgedanke angeführt, um Gottes Personalität zu begründen; vgl. etwa C. BÖTTIGHEIMER, Sinn(losigkeit) des Bittgebets (s. Anm. 3), S. 62, oder JEAN-CLAUDE WOLF, Philosophie des Gebets, Münster 2020, S. 62. Hier fragt sich, ob nicht viel eher ein angenommenes personales Gottesverständnis den Inkarnationsgedanken begründet als umgekehrt.

Theismus unterscheidet, was ich jetzt nicht weiter ausführen kann. »Die zentrale These des Offenen Theismus besteht darin, den christlichen Glauben als eine personale Beziehung der Liebe zwischen Gott und Mensch zu verstehen. Eine solche Beziehung setze a) menschliche Freiheit voraus, die libertarisch verstanden wird und mit der Macht einhergeht, bei identischen Umständen zwischen Alternativen wählen zu können; außerdem setze sie b) die Annahme, dass Gott eine Person ist, voraus, und schließlich, dass c) diese göttliche Person ebenfalls libertarische Freiheit besitzt.«[18] Ob eine Beziehung der Liebe tatsächlich menschliche Freiheit im angedeuteten Sinn voraussetzt, kann hier ebenso dahingestellt bleiben wie eine eingehende Diskussion der Freiheitsproblematik.[19] Von Belang ist hier nur, dass in dieser Sicht die Beziehung zwischen Gott und Mensch ganz in der Weise einer menschlichen Beziehung vorgestellt wird. Zwar wird Gott hierbei natürlich als die überlegene Macht vorgestellt, sofern er die Welt nicht nur »ex nihilo« geschaffen hat, sondern sie auch trotz aller menschlichen Freiheit oder besser durch sie hindurch bei allen Risiken zu seinem Heilsziel führen wird. Gleichwohl haben die Menschen in ihrer Freiheit einigen Einfluss auf Gott, der sich dadurch zu vielerlei Reaktionen herausgefordert sieht, wenn er sein Heilsziel erreichen will. Die Frage ist daraufhin allerdings naheliegend, ob

---

[18] Johannes Grössl, Die Freiheit des Menschen als Risiko Gottes. Der Offene Theismus als Konzeption der Vereinbarkeit von göttlicher Allwissenheit und menschlicher Freiheit, Münster 2015, S. 21; vgl. auch S. 47 f. u. 162 f.; vgl. darüber hinaus den Überblick von dems., Offener Theismus, in: Handbuch für Analytische Theologie, hg. v. Georg Gasser, Ludwig Jaskolla u. Thomas Schärtl, Münster 2017, S. 272-282; vgl. schließlich Denis Schmelter, Gottes Handeln und die Risikologik der Liebe. Zur rationalen Vertretbarkeit des Glaubens an Bittgebetserhörungen, Marburg 2012. Da es mir hier nur um das personale Gottesverständnis geht und ich auf die Problematik des Bittgebets in These 7 noch gesondert eingehe, sehe ich vorerst von den Konsequenzen, die der Offene Theismus speziell für das Bittgebet zieht, ab. – Am Rande bemerkt: Bereits in dem seinerzeit Aufsehen erregenden Buch von John A. T. Robinson, Gott ist anders, Berlin 1965 (engl. 1963), finden sich im Blick auf ein personales Gottesverständnis ähnliche Gedanken wie im Offenen Theismus; vgl. bes. S. 133 f. 164.

[19] Vgl. immerhin Wolfgang Pfüller, Theodizee und Willensfreiheit, in: ders., GOTT WEITER DENKEN. Stationen interreligiöser Theologie, Nordhausen 2019, S. 149-183 (auch in: Werner Zager [Hg.], Wie frei ist unser Wille? Theologische, philosophische, psychologische, biologische und ethische Perspektiven [Veröffentlichungen des Bundes für Freies Christentum, Bd. 4], Leipzig 2020, S. 177-205).

diese Vorstellungen die göttliche Wirklichkeit nicht allzu anthropomorph denken.

2) Armin Kreiner zieht die bekannte Formulierung Anselms von Canterbury als Maxime heran, um zu begründeten Prädikaten hinsichtlich des Redens von Gott zu kommen.[20] Wenn demnach Gott zu begreifen ist als die Wirklichkeit, über die hinaus Größeres nicht gedacht werden kann, wenn also Gott als maximal vollkommen gedacht werden muss, dann muss er als Person gedacht werden. Natürlich muss das Wertvollste, Wichtigste, Vollkommenste nicht zu unserer vorfindlichen Welt gehören, ja, es gehört nicht einmal wahrscheinlich dazu. »Aber es lässt sich, wenn überhaupt, dann nur ausgehend von einer Bestandsaufnahme des in der Welt Vorfindlichen spezifizieren.« (S. 240) Und bei dieser Bestandsaufnahme erweist sich die Wirklichkeit, die man »Person« nennt, als einziger ernsthaft in Frage kommender Ausgangspunkt. Denn der Person komme im Blick auf die Hierarchie der weltlichen Werte der höchste Wert zu (S. 241). Eine Person mit ihren konstitutiven, untereinander zusammenhängen Merkmalen von »Bewusstsein/ Erkenntnis, Macht und Sittlichkeit« ist das Wertvollste, »was das Universum bislang hervorgebracht hat« (S. 241 f.). Folglich muss gemäß der Anselm'schen Maxime Gott als Person gedacht werden. »Weil nichts, was keine Person wäre, vollkommener sein könnte, als eine Person, muss ein maximal vollkommenes Wesen *irgendwie* personal gedacht werden.« (S. 243) Natürlich weiß Kreiner, dass sich die vollkommene göttliche Person exorbitant von jeder unvollkommenen menschlichen Person unterscheidet. »Wenn sich aber Personsein im Wesentlichen durch Erkenntnis, Macht und Willen charakterisieren lässt, dann muss auch ein im analogen Sinn personales Wesen über diese Eigenschaften verfügen. Andernfalls droht die analoge Redeweise unverständlich oder widersprüchlich zu werden. Eine vollkommene Person muss folglich über vollkommene Erkenntnis, Macht und Intentionen verfügen. Sie muss also allwissend, allmächtig und allgütig bzw. sittlich vollkommen sein, wobei diese Prädikate offenbar untereinander zusammenhängen.« (S. 243 f.) - Bleibt angesichts dieser gewohnt scharfsinnigen Argumentation Kreiners nur die Frage, ob die menschliche Person in der Tat das Wertvollste ist, das das Universum bisher hervorgebracht hat. Immerhin ist die menschliche Sittlichkeit keineswegs eindeutig durch Güte ausgezeichnet, kann im Gegenteil auch »antichristlich« (Nietzsche) ausgelegt werden. Und Erkenntnis wie auch Macht können nicht nur Merkmale künstlicher Intelligenz

---

20 Vgl. ARMIN KREINER, Das wahre Antlitz Gottes – oder was wir meinen, wenn wir Gott sagen, Freiburg i.Br. / Basel / Wien 2006, S. 223-256. – Die folgenden Seitenzahlen im Text beziehen sich darauf.

sein, sondern erhalten ihren (positiven) Wert (was natürlich auch Kreiner weiß) ohnehin erst im Zusammenhang menschlicher Sittlichkeit, da sie andernfalls verheerendes Unheil anrichten können. Um die Frage zuzuspitzen: Ist nicht das Wertvollste, was das Universum bisher hervorgebracht hat, jene eigentümlich machtlose Macht der Liebe (im Sinne der Agape)?[21] Natürlich kann man sofort dagegen fragen, ob nicht die Liebe eben ein Merkmal menschlicher Personen sei, was sicher der Fall ist. Aber erstens ist dann ein spezifisches, hervorragendes Merkmal dieser Personen, nicht die menschliche Person als solche bezeichnet. Und zweitens dürfte die Liebe qua Agape durchaus nicht auf menschliche Personen beschränkt sein, wozu man zum einen auf die tierliche Fürsorge, zum anderen auf Strukturen verweisen darf, die die Liebe fördern und diese zum Ausdruck bringen, und die zwar von Menschen herrühren, aber über diese mehr oder weniger hinausreichen.

Nachdem die diskutierten Argumente für ein personales Gottesverständnis einigen Anlass zur Kritik bieten, könnte man daraufhin fragen, ob nicht die göttliche Wirklichkeit personal und apersonal zugleich verstanden werden sollte. Denn immerhin könnte das, was als ein veritabler (konträrer oder gar kontradiktorischer) Widerspruch erscheint, auch als komplementär verstanden werden. Das bedeutete dann, dass sich die beiden Gottesvorstellungen nur auf den ersten Blick widersprechen, während sie sich bei genauerem Zusehen ergänzen. Als Gott bezeichnen wir bereits nach Anselm von Canterbury nicht nur das, worüber hinaus nichts Größeres gedacht werden kann, sondern auch eine Wirklichkeit, die immer größer ist als alles, was gedacht werden kann. Die immer größere, transzendente göttliche Wirklichkeit wird folglich stets unzureichend gedacht, und die verschiedenen Weisen, in denen sie erfahren wird, müssen sich keineswegs widersprechen, können sich vielmehr entsprechen und ergänzen.[22] So sieht auch Her-

---

[21] Vgl. KEITH WARD, Religion and Creation, Oxford 1996, S. 224: If »the supreme value is self-giving love, and if God is essentially of supreme value, it will be of the nature of God to create some universe of persons within which love can be realized.«

[22] Bekanntlich hat die pluralistische Religionstheologie, wie sie John Hick geprägt und besonders Perry Schmidt-Leukel als sein hervorragender Schüler weiter entwickelt hat, nachdrücklich darauf verwiesen, dass die verschiedentlichen (vermeintlichen) Widersprüche zwischen den (großen) religiösen Traditionen viel eher komplementär zu verstehen sind. Das entspricht natürlich auch ihrem Interesse, die Gleichwertigkeit zumindest der großen religiösen Traditionen zu behaupten. Ich muss das jetzt nicht weiter ausführen, sondern darf stattdessen auf meinen Aufsatz

mann-Josef Frisch zwischen personalen und apersonalen Gottesvorstellungen ebenso wenig einen Widerspruch wie zwischen Gebet und Meditation. Es handelt sich s.E. vielmehr um »zwei grundsätzliche Erfahrungen, die Menschen in ihrer religiösen Geschichte gemacht haben und die sich gegenseitig ergänzen und bereichern können. Es sind alternierende Weisen, den einen und letztlich unfassbaren Gott oder das eine und letztlich unnennbare Göttliche zu verstehen und sich ihm vertrauensvoll zu nähern.«[23]

Nun müssen sich weder personale und apersonale Gottesvorstellungen noch gleich gar Gebet und Meditation widersprechen. Problematischer wird es allerdings, wenn z.B. von buddhistischer Seite gerade infolge einer apersonalen Vorstellung der göttlichen Wirklichkeit das Gebet abgelehnt oder bestenfalls als eine niedere, vorläufige Stufe des Heilsweges betrachtet wird. Ebenso problematisch wird es, wenn im Hinduismus die überaus vielfältigen personalen Gottesvorstellungen wie die ihnen entsprechenden Praktiken zwar durchaus toleriert, aber doch nur als niedere, vorläufige Stufen der Gottesverehrung betrachtet und folglich abgewertet werden, da sie letztlich nur unzureichende Erscheinungsformen des wahren Göttlichen, des Brahman, sind, das eigentlich (und das heißt: in der Meditation, nicht im Gebet!) zu verehren ist.[24] Die Frage ist nach alledem, ob nicht mit dem wohlfeilen Hinweis auf den komplementären Charakter gegensätzlicher Gottesvorstellungen allzu eilfertig Widersprüche glatt gebügelt werden. Selbstredend sind alle unsere Gottesvorstellungen mehr oder weniger unzulänglich. Es

---

verweisen: Wolfgang Pfüller, Vom wahrheitstheoretischen zum kriteriologischen Problem oder: Warum divergierende Wahrheitsansprüche der religiösen Traditionen für eine pluralistische Religionstheologie kein gravierendes Problem darstellen, in: ders., Die Bedeutung Jesu im interreligiösen Horizont, Münster / Hamburg / London 2001, S. 34-51.

[23] Hermann-Josef Frisch, Der Glaube der Weltreligionen. Gottesbild, Erlösergestalten, Gebet und Meditation, Jenseitsvorstellungen, Gütersloh 2014, S. 193. Vgl. auch ders., Dem Unendlichen begegnen. Gelebter Glaube in den Religionen der Welt, Ostfildern 2017, bes. S. 22.

[24] Vgl. H.-J. Frisch, Der Glaube der Weltreligionen (s. Anm. 23), S. 220: Danach kennt der Hinduismus sowohl personale wie apersonale Gottesbilder, Gebet wie Meditation. Vor allem »aber versteht er die vielen Götter, die in den Tempeln verehrt werden, als Erscheinungsformen des einen Göttlichen, des Allganzen, des Alleinen«. Zwar ist die Rede von *dem* Hinduismus sicher allzu pauschal, was aber jetzt nicht weiter interessieren muss.

könnte jedoch immerhin sein, dass einige erkennbar weniger unzulänglich sind als andere - und dass es dafür sehr gute Gründe gibt.[25]

Vielleicht sollte man daraufhin die göttliche Wirklichkeit als transpersonale und d.h. »als eine transzendente Wirklichkeit mit personalen Zügen« verstehen. Dafür plädiert jedenfalls Christoph Böttigheimer und tendiert damit zu einem panentheistischen Gottesverständnis. Danach ist Gott »die Wirklichkeit in allem und der Grund von allem, jenseits des Personbegriffs«.[26] Die »personalen Züge« dieser transzendenten Wirklichkeit bestehen dann darin, dass sie nicht nur Wirklichkeit über alle Wirklichkeit hinaus, sondern auch Wirklichkeit *in* aller Wirklichkeit ist. Gott ist demnach zwar mehr als Person, aber nicht weniger. Warum soll er dann nicht etwa Gebete »hören« können? Oder allgemeiner: Warum sollen die Menschen nicht auf die ihnen gemäße Weise, will sagen personal, mit der transpersonalen göttlichen Wirklichkeit kommunizieren können? Sicher wäre, so sieht es Böttigheimer, ein »personalistisches Gotteskonzept« zu anthropomorph, während man s.E. auch in einem transpersonalen Konzept nicht auf personale Züge verzichten können wird.

Nun wird kaum jemand ernsthaft bestreiten, dass die göttliche Wirklichkeit nicht weniger, sondern mehr als jede menschliche Person ist.[27]

---

[25] Das lässt sich leicht nachweisen in Bezug auf naive Vorstellungen, die Gott etwa mit bestimmten Naturkräften, mit Tieren oder mit menschlichen Konstrukten identifizieren. Leicht nachweisen lässt es sich auch im Blick auf Vorstellungen, die Gott ohne kritische Distanz, also in naiver Weise, allzu anthropomorph auffassen.

[26] C. BÖTTIGHEIMER, Sinn(losigkeit) des Bittgebets (s. Anm. 3), S. 53; vgl. insgesamt S. 50-63.

[27] Vgl. dazu so unterschiedliche Autoren wie REINHOLD BERNHARDT, »Nackt vor Gott«. Systematisch-theologische Überlegungen zum Sinn des Bittgebets, in: »Im Namen Gottes ...«. Theologie und Praxis des Gebets in Christentum und Islam, hg. v. Hansjörg Schmid, Andreas Renz u. Jutta Sperber, Regensburg 2006, S. 103-118, bes. S. 108; JOHN SHELBY SPONG, Was sich im Christentum ändern muss. Ein Bischof nimmt Stellung, Düsseldorf 2004 (amerikan. 1998), bes. S. 168 f.; WILHELM WEISCHEDEL, Vom Sinn des Gebets, in: ders., Wirklichkeit und Wirklichkeiten. Aufsätze und Vorträge, Berlin 1960, S. (152-157), bes. S. 153 f. Auch M. MEYER-BLANCK, Das Gebet (s. Anm. 2), S. 288 f., sieht das grundsätzlich so. Freilich kommt er aus unerfindlichen Gründen zu der merkwürdigen Auffassung, dass weder das Gebet noch die Gottesvorstellung »den anthropomorphen Gleichnissen« je entgehen könnten, da »uns Menschen« andere Denkvorstellungen eben nicht zur Verfügung stünden (S. 288).

Offen bleibt vorerst noch, ob personale Züge in der Tat zu dieser Wirklichkeit gehören und wie diese gegebenenfalls zu bezeichnen wären. Indes möchte ich diese Fragen nicht hier, sondern im Rahmen von These 6 diskutieren. Denn erst dort wird sich die Frage nach Gebet oder Meditation so zuspitzen, dass man sie mit triftigen Gründen beantworten kann. Bis dahin aber sind noch einige weitere Fragen zu erwägen.

3. Interreligiöses Gebet ist allenfalls dann, aber auch nur dann legitim, wenn eine hinreichende Übereinstimmung im Gottesverständnis besteht; eine ethische Begründung reicht nicht.

Man kann mit Michael Meyer-Blanck unterscheiden zwischen liturgischer Gastfreundschaft, multireligiösem Gebet, interreligiösem Gebet sowie religiöser Feier.[28] Bei ersterer lädt man Gäste ein, die an der eigenen Feier teilnehmen, bei letzterer sind auch Konfessionslose beteiligt, da es dort um elementare Lebensfragen geht, die sich etwa angesichts von Katastrophen o.ä. unweigerlich stellen. Beim multireligiösen Gebet sprechen die verschiedenen religiösen Gruppen bzw. Einzelnen ihre Gebete für sich, beten also nicht gemeinsam, was sie demgegenüber genau beim interreligiösen Gebet tun. Und genau deshalb wird allein das interreligiöse Gebet als grundsätzlich problematisch erachtet, während die anderen Formen als grundsätzlich unproblematisch erscheinen.

Beim interreligiösen Gebet wird Religionsvermischung auf der einen und Vereinnahmung auf der anderen Seite befürchtet. Sieht man freilich genau hin, so spitzt sich das Problem auf das jeweilige Gottesverständnis hin zu. Das zeigt sich am deutlichsten an der Position der christlich-orthodoxen Kirchen. Danach sind Gebete immer trinitarisch ausgerichtet. Ein gemeinsames Gebet kann es daher nur intrareligiös, will sagen innerchristlich,

---

[28] M. MEYER-BLANCK, Das Gebet (s. Anm. 2), S. 405. Vgl. zum weit verbreiteten ähnlichen Sprachgebrauch auch ANDREAS RENZ, »Der Herr ist nahe allen, die ihn anrufen, nahe allen, die zu ihm aufrichtig rufen.« (Ps 145,18) Theologische Reflexionen, Modelle und praktische Hinweise zum Gebet im interreligiösen Kontext, in: US 71 (2016), S. (125-135) 127-132; KLAUS VON STOSCH, Kirchenbilder aus der Perspektive interreligiösen Betens, in: Stefan Kopp / Benedikt Kranemann (Hg.), Gottesdienst und Kirchenbilder. Theologische Neuakzentuierungen (QD 313), Freiburg i.Br. / Basel / Wien 2021, S. 144-163.

nicht hingegen interreligiös geben.[29] Für weniger rigide Positionen wiederum reicht die gemeinsame monotheistische Basis aus, so dass ChristInnen zumindest mit VertreterInnen des Judentums, dann aber auch mit solchen des Islams sowie des Bahaitums gemeinsam verantwortungsvoll beten können. Dann wird meist betont, dass es ohnehin nur einen Gott gebe, man also den Angehörigen anderer monotheistischer Traditionen nicht unterstellen könne, sie beteten zu anderen Göttern oder gar zu Götzen. Dass man dabei den einen Gott verschieden verstehe, wird natürlich nicht bestritten. Aber diese Unterschiede werden nicht als so gravierend erachtet, wenn grundlegende gemeinsame Merkmale vorliegen. So meint Hamideh Mohagheghi bündig: »Wenn alle monotheistischen Religionen den einen und einzigen Gott als Schöpfer und Versorger anerkennen, dann kann es sich nur um denselben Gott handeln.«[30] Andere halten ungeachtet aller offenkundigen Gemeinsamkeiten im Gottesverständnis die Differenzen für so gravierend,

---

[29] Vgl. Orthodoxe Kirchen, in: ACK Baden-Württemberg (Hg.), Können Christen und Muslime miteinander beten? Eine Orientierungshilfe, Stuttgart 2019, S. 73-78; Kerstin Keller, Gedanken aus christlich orthodoxer Sicht, in: F. Brendle (Hg.), Gemeinsam beten? (s. Anm. 16), S. 33-40. Für eine ähnliche Position von römisch-katholischer Seite vgl. Römisch-katholische Kirche, in: ACK Baden-Württemberg (s.o.), S. 79-82.

[30] Hamideh Mohagheghi, Theologie des Herzens. Im Gebet Liebe und Nähe Gottes erfahren, in: H. Schmid u.a. (Hg.), »Im Namen Gottes ...« (s. Anm. 27), S. (54-70) 69. Vgl. ähnlich auch Martin Bauschke, Gemeinsam vor Gott. Beobachtungen und Überlegungen zum gemeinsamen Beten von Juden, Christen und Muslimen, in: a.a.O., S. 203-215, bes. S. 210; Andreas Herrmann, Das Spiel mit Gott. Ein Plädoyer für das interreligiöse Gebet, in: Phänomene und Diskurse des Interreligiösen. Beiträge aus christlicher Perspektive (HUTh 83), hg. v. Johannes Eurich u.a., Tübingen 2021, S. 237-254, bes. S. 240, 244 u. 249; Christian W. Troll, Gemeinsames Beten von Christen und Muslimen?, in: StZ 133 (2008), S. 363-376, bes. S. 367, 372 u. 375 f., wo Troll die »Gemeinschaft im Glauben an den Schöpfer, Erhalter und Richter« betont. Reinhold Bernhardt wiederum argumentiert differenzierter, was ich hier nicht detailliert ausführen kann. Schließlich aber läuft es für ihn darauf hinaus, dass der »Christusinhalt« der christlichen Offenbarung über das Christentum hinausreicht, sich folglich etwa auch im Koran identifizieren lässt. Diese fundamentale Übereinstimmung aber erlaubt gemeinsames Gebet. Vgl. Reinhold Bernhardt, in: ACK Baden-Württemberg (Hg.), Können Christen und Muslime miteinander beten? (s. Anm. 29), S. 97-103, bes. S. 100 f.; ders., »Nackt vor Gott« (s. Anm. 27), bes. S. 117 f.

dass sie ein interreligiöses Gebet ablehnen.[31] Diese Ablehnung ist besonders bei denjenigen zu beobachten, die die neutestamentliche und christliche Tradition und hier wiederum das trinitarische Gottesverständnis als normativ voraussetzen.[32]

Nun kann man sicher mit Fug behaupten, dass die Referenz auf denselben Gegenstand nicht bedeutet, dass alle auch dieselben Vorstellungen vom selben Gegenstand haben.[33] Nur ist dieser Hinweis im Blick auf Gott überaus problematisch, da wir Gott an sich nicht kennen und er kein Gegenstand ist, auf den wir zeigen könnten, um zu demonstrieren, dass wir trotz unterschiedlicher Vorstellungen denselben Gegenstand meinen. Wir haben im Gegenteil nur unsere unterschiedlichen Gottesvorstellungen, und daraufhin ist die einfache Frage die, inwieweit diese übereinstimmen, und die weitaus schwierigere Frage die, welches Maß an Übereinstimmung für ein interreligiöses Gebet hinreicht.[34] Letztere Frage nun lässt sich allgemein wohl nicht

---

[31] Vgl. etwa Andreas Renz, Beten wir alle zum gleichen Gott? Wie Juden, Christen und Muslime glauben, München 2011, S. 181 f. 185 f.

[32] Vgl. etwa die ziemlich harsche Polemik Friedmann Eisslers gegen Bauschke: Gemeinsam beten? Eine Anfrage an das interreligiöse Gebet unter dem Vorzeichen abrahamischer Ökumene, in: H. Schmid u.a. (Hg.), »Im Namen Gottes ...« (s. Anm. 27), S. 216-226; vgl. auch die ähnlich scharfe Polemik Henning Wrogemanns, Ist Gott in Christentum und Islam derselbe? Kritische Bemerkungen zu einem Gesprächspapier der Evangelischen Landeskirche von Baden, in: URL: <www.pfarrerverband.de/pfarrerblatt/archiv> (13.4. 2022), ursprünglich in: DtPfrBl 118 (2018), S. 687-691, dort bes. die Thesen 1, 2 u. 4.

[33] So etwa K. von Stosch, Kirchenbilder aus der Perspektive interreligiösen Betens (s. Anm. 28), S. 150, lustigerweise mit Blick auf seinen »Herzensverein«, den 1. FC Köln.

[34] Sicher macht es sich Nicola Towfigh, Das Gebet – Balsam für die Seele – ein Beitrag der Bahá'i, in: F. Brendle (Hg.), Gemeinsam beten? (s. Anm. 16), S. 63-71, zu einfach, wenn sie die verschiedenen Gottesbilder für das interreligiöse Gebet als letztlich belanglos betrachtet: »Durch die gemeinsame Hinwendung zum Ursprung allen Seins werden die Herzen miteinander verbunden und durch die Liebe zu Gott wird Mitmenschlichkeit gestärkt. – Dabei ist unerheblich, welches Gottesbild sich die im Gebet vereinten Betenden machen. Ihre Vorstellung ist stets durch ihre menschliche Fassungskraft beschränkt [...]. So beanspruchen die Bahai auch nicht für sich, ein trefflicheres Gottesbild als die Anhänger anderer Religionen zu haben. Sie gehen vielmehr davon aus, dass jede Vorstellung von Gott sich lediglich auf der menschlichen Ebene bewegt, dass aber letztlich alle Menschen zu ihrem gemeinsamen Ursprung beten.« (S. 68 f.) – Freilich wird hier unter der Hand doch ein gemein-

beantworten, wobei immerhin so viel gesagt werden kann: Konservative oder gar fundamentalistische Geister werden ein hohes Maß an Übereinstimmung fordern, indem sie ihr eigenes Gottesverständnis als normativ setzen. Liberalen Geistern hingegen wird ein geringes Maß an Übereinstimmung, freilich in grundlegenden Aspekten, genügen, wobei durchaus strittig sein dürfte, worin diese grundlegenden Aspekte bestehen.

Sagen lässt sich zudem, dass eine ethische oder auch eine anthropologische Begründung für das interreligiöse Gebet nicht ausreicht.[35] Dass viele Menschen ähnliche Sorgen und Hoffnungen haben, heißt nicht, dass man diese im Gebet vor einen Gott bzw. eine Göttin bringt. Dass verschiedenste Menschen aus den verschiedensten religiösen Traditionen von den gleichen globalen, sozialen, ökologischen u.a. Problemen umgetrieben werden, mag ganz gewiss zu Dialog und gemeinsamer Aktion veranlassen, indes noch lange nicht zu gemeinsamem Gebet, ganz abgesehen davon, dass das Gebet für BuddhistInnen in alter Tradition eben aufgrund ihres eigen geprägten Verständnisses der göttlichen Wirklichkeit gänzlich außer Betracht bleibt. Wenn These 1 und 2 zutreffen, dann richtet sich das Gebet jedenfalls an einen Gott usw. und hängt vom jeweiligen Gottesverständnis ab. Gemeinsames Gebet bedarf dann nicht nur interreligiös, vielmehr auch intrareligiös, will sagen innerhalb der verschiedenen religiösen Traditionen, einer hinreichenden Übereinstimmung im Gottesverständnis. Das kann etwa bedeuten, dass liberale ChristInnen, die etwa das trinitarische Gottesverständnis ablehnen, eher mit liberalen muslimischen oder jüdischen Gläubigen zusam-

---

sames Gottesverständnis vorausgesetzt: Gott als der »Ursprung allen Seins«, dem sich die Betenden in Liebe zuwenden.

35 Vgl. in dieser Hinsicht etwa HENRY G. BRANDT, »Ökumenische Feiern«, in: F. Brendle (Hg.), Gemeinsam beten? (s. Anm. 16), S. 50-52; ANDRÉ GERTH, Das Gebet in der interreligiösen Begegnung, in: Praxisbuch Interreligiöser Dialog. Begegnungen initiieren und begleiten, hg. v. Martin Rötting, Simone Sinn u. Aykan Inan, St Ottilien 2016, S. 139-152, bes. S. 144 f.; TOBIAS SPECKER / ERCAN KARAKOYUN, Gemeinsam vor Gott: Gebet und Spiritualität, in: Volker Meißner u.a. (Hg.), Handbuch christlich-islamischer Dialog. Grundlagen – Themen – Praxis – Akteure, Freiburg i.Br. / Basel / Wien 2014, S. 228-237, bes. S. 232 f. Vgl. zur ethischen Begründung etwa BEKIR ALBOĞA, Was bedeutet Beten in meiner religiösen Tradition?, in: F. Brendle (Hg.), Gemeinsam beten? (s. Anm. 16), S. 41-49, bes. S. 45; K. VON STOSCH, Kirchenbilder aus der Perspektive interreligiösen Betens (s. Anm. 28), S. 152-155, mit Blick auf die ethisch motivierte Position von Papst Franziskus; BÄRBEL WARTENBERG-POTTER, Gemeinsames Beten in den Religionen? Ein Stück Heiliges Land betreten, in: F. Brendle (Hg.), Gemeinsam beten? (s. Anm. 16), S. 12-22.

men beten können als mit konservativen oder gar fundamentalistischen ChristInnen.[36]

4. Das interreligiöse Gebet wie das Gebet überhaupt wird grundlegend fragwürdig dadurch, dass man schwerlich zum eigenen Gottesverständnis beten kann.

Besonders im Blick auf das christliche Gottesverständnis und seine Lehre vom dreieinen Gott wurde schon früh geltend gemacht, dass man die mysteriöse Dreieinheit Gottes nicht ungebührlich erforschen solle, da uns Menschen dieses Geheimnis unzugänglich bleiben müsse. In dieser Linie steht dann auch der bekannte Satz Melanchthons in seinen »Loci« von 1521, wonach man die Geheimnisse der Gottheit lieber anbeten als erforschen solle. Freilich liegt hier nicht nur eine gravierende Kategorienverwechslung vor, sondern auch ein fragwürdiges Verständnis von Gebet.

Bei der christlichen Trinitätslehre handelt es sich keineswegs um irgendwelche göttlichen, nicht hinterfragbaren Geheimnisse, sondern um eine zum Teil hoch spekulative, zum Teil verwickelte theologische Kon-

---

[36] Das entspricht nur den Erfahrungen, die häufig im interreligiösen Dialog gemacht werden. – Kontraproduktiv ist letztlich auch eine inklusivistische Begründung des interreligiösen Gebets. Denn diese mag zwar wohlmeinend sein, vereinnahmt jedoch letztlich die andersreligiös Betenden. Das zeigt sich etwa an dem insgesamt durchaus erfreulichen Gesprächsangebot islamischer Gelehrter *A Common Word*; s. URL: <www.acommonword.com/the-acw-document> (22.5.2022). Zwar wird mit der Gottes- und Nächstenliebe zweifellos eine herausragende gemeinsame Basis geltend gemacht. Aber indem vor allem das Gottesverständnis in islamischer Weise konfiguriert wird, besteht die gemeinsame Basis doch nur vermeintlich. Das moniert etwa Friedmann Eissler, Neues Identitätsbewusstsein – Rückschritt oder Fortschritt? »Identity turn« im christlich-muslimischen Dialog, in: Reinhard Hempelmann u.a., Religionstheologie und Apologetik. Zur Identitätsfrage in weltanschaulichen Dialogen (EZW-Texte 201), Berlin 2009, S. (25-46) 38-40, zu Recht. – Dass es solche Versuche einer »freundlichen Übernahme« auch von christlicher Seite gibt, mögen folgende Arbeiten belegen: Hans-Martin Barth, Common Prayer: Auf dem Weg zu einer Theologie des interreligiösen Gebets, in: Adelheid Herrmann-Pfandt (Hg.), Moderne Religionsgeschichte im Gespräch. FS für Christoph Elsas, Berlin 2010, S. 126-145, bes. S. 139 f.; Jacques Dupuis SJ, Das interreligiöse Gebet, in: SaThZ 10 (2006), S. 101-119, bes. S. 106 f. sowie 109.

struktion[37], deren Geheimnischarakter allenfalls darin besteht, dass sie unklar und unverständlich ist. Dass man eine derartige Konstruktion nicht weiter erforschen und das heißt ja nicht zuletzt nicht weiter kritisch befragen soll, ist seinerseits unverständlich. Dass man aber zu allem Überfluss eine theologische Konstruktion anbeten soll, ist völlig absurd. Und damit zeigt sich zugleich eine grundlegende Problematik des Gebets überhaupt. Denn wenn das Gebetsverständnis vom Gottesverständnis abhängt, und wenn ich mich im Gebet an einen von mir imaginierten Gott wende, dann wende ich mich im Grunde an mein Gottes*verständnis*. Das indes scheint mir doch ziemlich kurios zu sein. An einen Gott als Geheimnis aber kann ich mich deshalb nicht im Gebet wenden, weil ich dann gar nicht wüsste, an wen ich mich überhaupt wende. Alles in allem wird von daher nicht nur das interreligiöse Gebet aufgrund unterschiedlicher Gottesverständnisse, sondern auch das Gebet überhaupt fragwürdig, sofern man zum eigenen Gottesverständnis sinnvollerweise überhaupt nicht beten kann.

5. Interreligiöse Meditation hingegen ist ohne Weiteres möglich und legitim, weil bzw. sofern hierbei die Relativität, also auch Revisionsbedürftigkeit des jeweiligen Verständnisses der göttlichen Wirklichkeit in die Besinnung aufgenommen werden kann bzw. aufgenommen wird.

Wie in These 1 erläutert: Meditation heißt Besinnung, religiöse Meditation religiöse Besinnung. Dass bei solcher Besinnung die Reflexion allgemein sowie die kritische Reflexion besonders eine wichtige Rolle spielen kann, ja sollte, leuchtet ein. Denn wenn man sich besinnt, besagt das auch, dass man (kritisch) über das eigene Leben wie über das Leben der anderen, über die umgebende Welt wie über die Welt überhaupt und schließlich über die göttliche Wirklichkeit in Bezug zu allem eben Genannten nachdenkt. Hier kön-

---

[37] Dass ich diese Konstruktion für eine so monströse wie absurde Fehlkonstruktion halte, die durch vielfältige, ja nachgerade überbordende Interpretationen im Laufe der langen Geschichte der christlichen Theologie nur noch monströser geworden ist, kann ich jetzt nicht weiter diskutieren, möchte es aber wenigstens anmerken. Zudem weise ich hierzu auf zwei meiner einschlägigen christologischen Arbeiten hin: Wolfgang Pfüller, Plädoyer für eine »nach-klassische« Christologie, in: ders., Theologie als Theiologie. Annäherungen an eine religiöse Theorie in christlicher Perspektive, Frankfurt a.M. u.a. 1998, S. 117-136; ders., Sieger und Verlierer. Mohammed und Jesus. Ein kritischer Vergleich, Nordhausen [2]2016, bes. S. 20-40.

nen daraufhin die gemeinsamen religiösen Anliegen oder die wichtigen gemeinsamen ethischen Ziele ebenso kritisch reflektiert werden wie die unterschiedlichen Sichten auf die göttliche Wirklichkeit. Deshalb ist auch interreligiöse Meditation ohne Weiteres möglich und legitim. Denn hierbei muss man ja nicht im Gottesverständnis übereinstimmen, muss man nicht zu dem gleichen oder gar demselben Gott beten. Hier können im Gegenteil vielfältige Differenzen ebenso angesprochen bzw. ausgesprochen werden wie mehr oder weniger große Übereinstimmungen. Freilich bedarf es hierzu - genauso wie übrigens beim interreligiösen Dialog - der uneingeschränkten Offenheit.[38] Wer demnach mit einem Wahrheitsanspruch im strengen Sinne antritt und auftritt, ist für die interreligiöse Meditation nicht geeignet. Natürlich darf man mit festen Überzeugungen in die interreligiöse Meditation eintreten; aber uneingeschränkt offen ist man nur, wenn man grundsätzlich bereit ist, gegebenenfalls auch eigene Kernpositionen zu revidieren, ja aufzugeben. Hingegen ist man ungeachtet aller Beteuerung von Lernbereitschaft, Wertschätzung der anderen mit ihren anderen religiösen Positionen eben lediglich eingeschränkt offen, wenn man prinzipiell nicht bereit ist, die eigenen vermeintlichen Kernwahrheiten zur Disposition zu stellen, selbst wenn man dies konsequenterweise den anderen gleichermaßen zugesteht.[39]

6. Zu einer als transpersonal verstandenen göttlichen Wirklichkeit betet man nicht; auf sie besinnt man sich.

»Die Aufklärung hat - von wenigen Ausnahmen abgesehen - bekanntlich nicht die Legitimität des Gottesgedankens überhaupt bestritten, ihn aber auf den Status eines bloßen Grenzbegriffs der Vernunft beschränkt. Die meisten Gottesvorstellungen der christlichen Frömmigkeits- und Lehrtradition erweisen sich, daran gemessen, als versinnlichende Anthropomorphismen - teils sublimerer, teils gröberer Art. Davon ist auch die Personalisierung des

---

38 Vgl. zum Folgenden WOLFGANG PFÜLLER, Die pluralistische Religionstheologie als notwendige Bedingung des interreligiösen Dialogs, in: ders., Die Bedeutung Jesu im interreligiösen Horizont (s. Anm. 22), S. 73-86; DERS., Dialogfähigkeit und Religionstheologie, in: ders., Interreligiöse Perspektiven. Studien zur Religionstheologie und zur Komparativen Theologie, Berlin 2012, S. 19-38.

39 Mit solchen Formulierungen sind Konzepte wie die des mutualen oder reziproken Inklusivismus (etwa Reinhold Bernhardt, Michael von Brück) oder auch der Komparativen Theologie (etwa Klaus von Stosch) angesprochen.

Göttlichen betroffen.«[40] Nun ist es natürlich die Frage, ob und inwieweit man die (christlichen) Gottesvorstellungen an den Maßgaben der Aufklärung messen sollte. Auch wenn diese Frage hier nicht erörtert werden kann, so ist doch zumindest so viel kaum zu bestreiten: Die göttliche Wirklichkeit darf nicht auf personales Maß reduziert werden; sie ist mehr als eine personale Größe und folglich am angemessensten als transpersonal zu verstehen. Das entspricht übrigens auch ganz dem Analogiegedanken, der bei aller anzunehmenden Ähnlichkeit zwischen menschlicher und göttlicher Personalität eine stets größere Unähnlichkeit, will heißen Verschiedenheit zwischen beiden Versionen von Personalität vorgibt.

Freilich wird häufig das Argument vorgebracht, dass zwar die göttliche Wirklichkeit ganz gewiss als transpersonale zu verstehen sei, die Menschen als personale Wesen aber nun einmal nicht anders als personal mit dieser Wirklichkeit umgehen könnten, mithin nicht zuletzt das Gebet berechtigt sei. Dieses Argument ist jedoch nicht schlüssig. Denn bereits die unleugbare Tatsache, dass wir die göttliche Wirklichkeit als transpersonale zu denken vermögen, zeigt doch, dass ein angemessener, d.h. der Transpersonalität entsprechender Umgang mit dieser Wirklichkeit möglich ist. Und genau auf die Angemessenheit des Umgangs kommt es an. Zugespitzt: Während das Gebet unangemessen erscheint, da es die göttliche Wirklichkeit unterbestimmt, ist es in der Meditation eher möglich, der transpersonalen göttlichen Wirklichkeit gerecht zu werden.

Nach alledem ist es m.E. fraglich, ob und inwiefern man die transpersonale göttliche Wirklichkeit wenigstens mit einigen personalen Zügen versehen sollte; und dies umso mehr, weil vorderhand unklar ist, welche Züge

---

[40] ULRICH BARTH, Buch mit sieben Siegeln. Warum wir im 21. Jahrhundert nicht mehr einfach so beten können, in: zeitzeichen 17 (2016), S. (33-36) 34. Barth hat diese Überlegungen auch in seine Dogmatik übernommen: DERS., Symbole des Christentums. Berliner Dogmatikvorlesung, hg. v. Friedemann Steck, Tübingen 2021, S. 68-74 (vgl. den Nachweis, S. 553). Er plädiert darin besonders für »unterschiedliche Stilarten« der Religion, genauer gegen eine Überschätzung des Gebets und für eine höhere Wertschätzung der Andacht (S. 35). Dabei ist für ihn ausgemacht, dass man mit dem »transzendenten Grund des Lebens« nicht spricht, sich vielmehr auf ihn besinnt. »Theistische Personifizierungen des Göttlichen sind nicht jedermanns Ding. Die Stärke der Andacht besteht darin, dass sie auf dergleichen nicht angewiesen ist. Ich vermag nicht zu erkennen, weshalb sie eine weniger gehaltvolle oder weniger authentische Vollzugsform von Religion sein sollte als das Gebet.« (S. 36)

das dann sein sollen.[41] Jedenfalls wäre es eine petitio principii, wenn man diese personalen Züge um der vermeintlichen Unaufgebbarkeit des Gebets willen aufrechterhalten wollte. Demgegenüber ist an dieser Stelle nochmals nachdrücklich an These 2 zu erinnern, wonach das Gebetsverständnis vom Gottesverständnis abhängt, nicht umgekehrt.

7. Das Gebet erscheint nach alledem als infantile Form religiöser Äußerung und Praxis, mithin als obsolet.

Wenn es etwas nützen würde, zu Gott zu beten, hätte man dafür schon Menschen gemietet.[42]

Der Meister war schwer krank. [Sein Schüler] Zi-lu wollte für ihn beten. Konfuzius fragte: »Sollte man das denn tun?« Zi-lu bejahte die Frage und meinte: »Im Bittgebet heißt es: ›Für dich wenden wir uns an die Geister des Himmels und der Erde.‹« Der Meister sagte daraufhin: »Es ist schon lange her, daß ich gebetet habe.«[43]

Sicher ist diese These, was auch die vorangestellten Mottos annoncieren sollen, ziemlich steil und provokativ – und dennoch führt m.E. nach all den vorher angestellten Überlegungen kein Weg an ihr vorbei. Ihre Berechtigung lässt sich im Übrigen last not least am Bittgebet demonstrieren, das verschiedentlich als die Grundform des Gebets überhaupt betrachtet wird.[44]

---

41 M.E. spricht viel dafür, die göttliche Wirklichkeit als alles umfassende und alles durchdringende Heilsmacht zu verstehen, wobei zunächst keinerlei personale Züge eine Rolle spielen dürften. Wenn man dann freilich die etwaige Wirksamkeit dieser Heilsmacht bedenkt, könnten womöglich personale Züge eine gewisse, allerdings durchaus untergeordnete Rolle spielen, zumal diese Wirksamkeit wenn schon nicht ausschließlich, so doch vor allem durch menschliche Personen vermittelt werden dürfte. Ich kann das hier nicht weiter ausführen, darf aber immerhin auf meine in Anm. 19 genannte Arbeit, »Theodizee und Willensfreiheit«, sowie auf Wolfgang Pfüller, Von der Fragwürdigkeit des Schöpfungsgedankens, in: ders., GOTT WEITER DENKEN (s. Anm. 19), S. 119-148, verweisen.

42 Shirley Kumove (Hg.), Ehrlich ist beschwerlich. Jiddische Spruchweisheiten, Berlin 1992, S. 59.

43 Konfuzius. Gespräche (Lun-Yu), aus dem Chinesischen übers. u. hg. v. Ralf Moritz, Leipzig 1982, S. 73.

44 So schon in F. Heilers umfangreicher religionsgeschichtlicher und religionspsychologischer Untersuchung »Das Gebet« (s. Anm. 2), bes. S. 38: »Das spontane, freie Bittgebet des naiven Menschen stellt den Prototyp alles Betens dar: es ist ein

Wie auch immer, am Bittgebet zeigen sich in hervorragender Weise die Probleme des Gebets überhaupt.

Da ist erstens das Problem der Erhörung. Erfahrungsgemäß wurden ungezählte Bittgebete erhört - ebenso wie ungezählte Bittgebete nicht erhört wurden. Dabei verstehe ich unter Erhörung zunächst ganz schlicht, dass das von den Bittenden Erbetene von dem gebetenen Gott gewährt wird. Sicher kann man darüber hinaus aus der Erfahrung heraus, dass ungezählte Gebete nicht erhört wurden, zwischen Erhörung und Erfüllung unterscheiden.[45] Danach werden zwar viele Gebete nicht erhört, aber alle erfüllt. Denn natürlich behält sich Gott in seiner umfassenden Macht vor, Gebete, die er aus verschiedenen Gründen nicht erhören kann oder will, auf seine Weise zu erfül-

---

Nachhall jenes Urgebetes, das einst – wir wissen nicht, wo und wann – von den Lippen des vorgeschichtlichen Menschen sich losriß und den Gebetsverkehr zwischen dem Menschen und der Gottheit eröffnete, es ist aber zugleich eine Antizipation jener grandiosen Gebetsschöpfungen, die sich auf den Gipfelpunkten des Erlebens religiöser Genien vollzogen.« Vgl. auch C. H. RATSCHOW, Art. Gebet (s. Anm. 6), S. 31, wonach sich die verschiedenen Weisen des Betens trotz ihres verschiedenen Charakters »auch noch in den Lobpreisungen« »immer wieder als Bittgebet« erweisen. – Zur hervorragenden Bedeutung des Bittgebets im Judentum wie im Islam vgl. auch RUTH u. PINCHAS LAPIDE, Der Schlüssel zu den Himmelstoren. Was Juden dem Gebet zutrauen, in: K. Hofmeister / L. Bauerochse (Hg.), Viele Stimmen – eine Sprache (s. Anm. 6), S. 47-54; JAKOB J. PETUCHOWSKI, Wie Juden beten, Gütersloh 1998; ELHADI ESSABAH, »Ruft zu Mir, so erhöre Ich euch!« (Sure 40,60) Bedeutung und Sinn des Bittgebets im Islam, in: H. Schmid u.a. (Hg.), »Im Namen Gottes ...« (s. Anm. 27), S. 91-102.

[45] Vgl. etwa H.-M. BARTH, Wohin – Woher mein Ruf? (s. Anm. 8), S. 186-190. Anders akzentuiert C. BÖTTIGHEIMER, Sinn(losigkeit) des Bittgebets (s. Anm. 3), S. 19: Ihm zufolge bedeutet Erhörung, eine Bitte »wirklich ernst zu nehmen und gründlich zu erwägen«, während Erfüllung nicht bedeutet, »dass die Bitte zwangsläufig so beantwortet wird, wie sie geäußert wurde«. Demnach würden zwar alle Bitten erhört, nicht aber erfüllt. – Zur Frage der Erhörung vgl. auch B. LANG, Art. Gebet (s. Anm. 6), S. 481-486; J. LUNK, Das persönliche Gebet (s. Anm. 8), S. 261 f., die dort verschiedene Vorstellungen von Gebetserhörung danach unterscheidet, »wer in der Gebetserhörung in erster Linie als aktiv gedacht wird«. Nach C. H. RATSCHOW, Art. Gebet (s. Anm. 6), S. 31, kann das Bittgebet gar nicht enttäuscht werden, da die göttliche Gegenwart selbst die Gabe ist. »Das heißt, die uns naheliegende utilitaristische Deutung des Betens ist im Kern offenbar falsch.«

len, zumal er allein weiß, was die Bittenden wirklich, will sagen zu ihrem Heil brauchen.[46]

Damit ist zweitens das Problem verbunden, wie es Gott ermöglichen kann, das Erbetene zu realisieren. Besonders im bereits unter These 2 angesprochenen Konzept des Offenen Theismus, das bekanntlich nicht zuletzt das Bittgebet legitimieren will,[47] sind dazu weitreichende Überlegungen angestellt worden, die ich hier nur sehr kurz und für die jetzigen Zwecke zusammenfassen kann. Zunächst wird angenommen, dass Gott sich nicht selbst widersprechen kann. Er kann also nicht nur kein hölzernes Eisen hervorbringen, sondern auch insgesamt nicht die Naturordnung aufheben, die er selbst geschaffen hat. Bitten, die dieser Naturordnung widersprechen, kann Gott folglich nicht erhören. Sodann hat Gott seine Macht insoweit freiwillig eingeschränkt, wie er den Menschen (Willens-)Freiheit eingeräumt hat. Gott kann folglich Bitten nicht erhören, die der menschlichen Freiheit widersprechen. Weiter ist damit der Raum eröffnet, innerhalb dessen Gott Bitten erhören kann. Das besagt: Wenn die Bitten weder der göttlichen Naturordnung noch der menschlichen Freiheit widersprechen, kann Gott sie erhören. Dabei ist klar, dass die Bitten in keinem Fall der Freiheit der Bittenden widersprechen, da diese ja ausdrücklich freiwillig die Erhörung ihrer

---

46 Dazu passt der vielfach angeführte Sinnspruch Dietrich Bonhoeffers: Nicht alle unsere Wünsche erfüllt Gott, aber alle seine Verheißungen – wobei freilich nicht so ganz klar ist, welche Verheißungen das schließlich sind. – Auf den vielfach geäußerten Gedanken, das Bittgebet sei ganz unabhängig von seiner Erhörung vor allem für die Bittenden heilsam, gehe ich hier nicht weiter ein, da er so selbstverständlich ist wie er offenbar die spezifische Problematik des Bittgebets umgeht. Zutreffend dazu D. Schmelter, Gottes Handeln und die Risikologik der Liebe (s. Anm. 18), S. 363 f.: »Die Wirklichkeitsänderung muss sich auf mehr als nur den Beter erstrecken, denn ansonsten reicht ein Geschehen nicht aus, um als Gebetserhörung qualifiziert zu werden. Um ein echtes Bittgebet vollziehen zu können, muss der Beter beseelt sein von dem Glauben an ein die Wirklichkeit *realiter verändernde*s Handeln eines auf den Beter *reagierenden* Gottes, der somit in dynamischer Relation zum in der Geschichte sich Abspielenden steht und seinerseits nicht in jeder Hinsicht unveränderlich ist.«

47 J. Grössl, Offener Theismus (s. Anm. 18), S. 280: »Eine der Hauptmotivationen für Offene Theisten, einen zeitlichen Gott anzunehmen, der aktiv mit der Schöpfung interagiert, ist die Bedeutung des Bittgebets zu wahren oder zurückzugewinnen. [...] Nur wenn Gott veränderlich und empfänglich für die Schöpfung ist, könne er wirklich auf Gebete reagieren.« – Zum Konzept des Offenen Theismus vgl. ansonsten die erwähnten Arbeiten von Grössl (s. Anm. 18) und Schmelter (s. Anm. 18).

Bitte Gott überlassen. Schließlich aber *kann* Gott zwar die besagten Bitten erhören, *muss* dies jedoch keineswegs, da er selbst frei ist - abgesehen davon, dass diese Bitten oft genug mehr oder weniger töricht sind.

In dem damit skizzierten engen Rahmen ist also das Bittgebet sinnvoll.[48] Dabei ist freilich umso mehr ein personales Gottesverständnis unabdingbar, das indes nach allem bisher Erwogenen sehr zweifelhaft sein dürfte. Zeigt demgegenüber nicht gerade das Bittgebet mit all seinen gravierenden Problemen, dass ein derartiges Gottesverständnis allzu naiv, will sagen infantil ist? Ich denke, diese Frage wird man wohl bejahen müssen. Natürlich hat das Gebet allgemein wie das Bittgebet besonders in bedeutenden religiösen Traditionen einen hohen Stellenwert. Allein, schon der frühe Buddhismus, aber auch verschiedene Ausprägungen eines liberalen Christentums geben in Bezug darauf hinreichend Anlass zu kritischer Reflexion. Das Resultat der vorliegenden Erwägungen ist es jedenfalls, dass das Gebet eine eher veraltete Form des Umgangs mit der göttlichen Wirklichkeit darstellt, während die Meditation im bezeichneten Sinn dieser Wirklichkeit weitaus eher gerecht wird. So plädiere ich abschließend für die Ablösung des Gebets durch die Meditation, von der ich in Anlehnung an Ulrich Barth behaupten möchte, dass sie keineswegs »eine weniger gehaltvolle oder weniger authentische Vollzugsform von Religion« ist »als das Gebet«.[49]

---

48 In plausibler Weise hat übrigens auch Andreas Loos, Bittgebet und Gottesbild. Beobachtungen und Anstöße zur Korrespondenz zweier Lehrstücke, in: ThBeitr 45 (2014) S. (32-48), 33 f., die Voraussetzungen des Bittgebets im Gottesverständnis wie folgt zusammengefasst: 1. »Gott ist ein personales Wesen und so zugänglich, dass er die Bitten hören und vernehmen kann. Andernfalls wäre die Bitte ein Selbstgespräch oder gar eine Illusion.« 2. »Gott hat die Macht, das Wissen und den Willen, das zu tun oder zu geben, um was er gebeten worden ist. Andernfalls wäre die Bitte sinnlos.« 3. »Gott hat die Freiheit, die Dinge, um die er gebeten worden ist, zu tun oder nicht zu tun. Andernfalls wäre eine Bitte keine Bitte, sondern eine Forderung oder gar ein Befehl.« 4. »Gott tut das, worum er gebeten worden ist, weil er gebeten worden ist. Auf der Basis, dass das Erbetene aus irgendwelchen Gründen unvermeidlich eintritt oder nicht eintritt, erübrigt sich die Bitte.« So plausibel diese Voraussetzungen sind, so richtig ist auch der Hinweis von Loos, dass alle diese Vorstellungen in der Gotteslehre heftig umstritten sind (S. 34). – Differenzierter noch bezeichnet D. Schmelter, Gottes Handeln und die Risikologik der Liebe (s. Anm. 18), S. 24, den Problemkomplex des Bittgebets, was hier weder weiter verfolgt werden kann noch muss.

49 Vgl. oben Anm. 40.

Personenregister

Die kursiv gedruckten Seitenzahlen beziehen sich auf die Anmerkungen.

Autorenverzeichnis

Grossmann, Michael, Dr. paed., Theologe und Lehrer an der Grimmelshausenschule in Renchen.

Pausch, Eberhard Martin, Dr. theol., Studienleiter für Religion und Politik an der Evangelischen Akademie Frankfurt am Main.

Pfüller, Wolfgang, Dr. theol. habil., Pfarrer der Evangelischen Kirche in Mitteldeutschland.

Wittig, Hans-Georg, Dr. phil., Professor für Allgemeine Pädagogik an der Pädagogischen Hochschule Freiburg.

Zager, Raphael, Dipl.-Theol., Doktorand an der Evangelisch-Theologischen Fakultät der Eberhard Karls Universität Tübingen, Vikar an der Lutherkirche Wiesbaden.

Zager, Werner, Dr. theol., apl. Professor für Neues Testament am Fachbereich Evangelische Theologie der Johann Wolfgang Goethe-Universität Frankfurt am Main und Leiter der Evangelischen Erwachsenenbildung Worms-Wonnegau.

Zöllich, Ingo, Pfarrer der evangelischen Kirchengemeinde in Troisdorf.

Zeitfracht Medien GmbH
Ferdinand-Jühlke-Straße 7
99095 Erfurt, Deutschland
produktsicherheit@kolibri360.de

Druck:
CPI Druckdienstleistungen GmbH
im Auftrag der
Zeitfracht Medien GmbH
Ein Unternehmen der Zeitfracht - Gruppe
Ferdinand-Jühlke-Str. 7
99095 Erfurt